VLYSSE
DANS L'ISLE DE CIRCÉ,
OV
EVRILOCHE FOVDROYÉ.

TRAGICOMEDIE,
Représentée sur le Théatre des Machines du Marais.

DEDIÉE A MONSEIGNEVR
LE PRINCE DE CONTY.

A PARIS,
Chez TOVSSAINCT QVINET, au Palais, dans la petite
Salle, sous la montée de la Cour des Aydes.

M. DC. L.
Auec Priuilege du Roy.

A MONSEIGNEVR
MONSEIGNEVR
LE PRINCE
DE CONTY.

ONSEIGNEVR,

Cet Vlysse que je presente à vostre Altesse, est bien different de celuy que le

EPISTRE.

Prince des Poëtes a fait le heros de la prudence, & la parfaite idée d'vne constance inuincible : s'il auoit conserué entre mes mains toutes les beautez de son original, il seroit asseuré de sa bonne fortune, l'estant depuis tant de siecles de son merite & de sa reputation. Ce n'est que l'image d'vn si grād homme, que ie viens mettre à vos pieds sous la foible imitation d'vne vertu si heroique. Il dépend maintenant de Vostre Altesse, de luy faire voir le iour auec honneur, ou de le laisser pour iamais dans les ombres du theatre, pour y cacher ses deffauts par l'addresse des Acteurs & sous la magnificence du spectacle. Il n'auroit garde, MONSEIGNEVR, d'en décendre ny de quitter vn lieu qui luy est si fort auantageux, s'il pouuoit sans en sortir faire sçauoir à Vostre Altesse que plein de ressentiment pour les tesmoignages d'estime & d'amitié qu'il a receu de vous sous ses habits naturels, il n'en a pris à la Françoise que pour estre desormais de vostre Cour. Il n'y a que

EPISTRE.

Vostre Altesse qui puisse obliger ses pareils à venir faire leur seiour en France; pour les y traiter selon leur merite; il faut les cognoistre comme vous faites parfaitement, & posseder vne generosité toute pure & toute eminente comme la Vostre. Tout le monde sçait, MONSEIGNEVR, que cette Royale vertu est en vous l'ame de toutes les autres; qu'elle est vostre caractere particulier, & qu'à l'exemple des Heros de l'antiquité, qui se sont faits discerner par des noms empruntés, ou de quelque action esclatante de leur vie, ou de quelque grande qualité attachée singulierement à leurs personnes, nos histoires doiuent vn iour en parlant de Vostre Altesse vous faire cognoistre à la posterité par le titre de genereux. Cette magnifique vertu a fait vn bruit sur le Parnasse, qui commence d'en bannir cette honteuse consternation, & cette profonde obscurité, dans laquelle les muses demeuroient depuis quelque temps enseuelies. Voicy, MONSEIGNEVR, entre celles du T autre la premiere, à ce que ie

EPISTRE

croy qui se presente publiquement à vous; toutes ses compagnes ont les yeux tournez sur Vostre Altesse pour voir l'accueil qu'elle luy fera, & regler là dessus toutes leurs esperances. Veritablement ce seroit vne assez mauuaise politique à cette sçauante societé de commettre à la moindre d'entr'elles vn essay, que son peu de merite rend extrememẽt dangereux : Elles deuroient sans doute venir toutes en corps saluer Vostre Altesse, ou du moins pour s'acquitter d'vn deuoir, qui luy est si fort important, deputer la plus apparente de la troupe. Mais, MONSEIGNEVR, l'impatience de celle cy leur a osté le loisir d'en deliberer, & c'est par vne deuotion particuliere qu'elle vient toute seule implorer vostre protection ; & vous assurer en mesme temps que tous ses vœux seront exaucez, si elle obtient pour moy d'estre vn iour par vostre choix, autant que ie le suis par mon inclination.

MONSEIGNEVR, De Vostre Altesse

Le tres humble, tr[es] obeïssant & tres
passionné seruit[eur] BOYER.

Extraict du Priuilege du Roy.

PAR grace & priuilege du Roy donné à Paris le 10. iour de Nouembre 1648. Signé, Par le Roy en son Conseil, Le Brun. Il est permis à Toussainct Quinet Marchand Libraire à Paris, d'imprimer ou faire imprimer, vendre & distribuer vne piece de Theatre intitulée *Vlysse dans l'isle de Circé, ou Euriloche foudroyé, par le sieur Boyer*, durant le temps & espace de cinq ans, à compter du iour qu'il sera acheué d'imprimer: Et defenses sont faites à tous Imprimeurs, Libraires & autres de contrefaire ledit Liure, ny le vendre ou exposer en vente d'autre impression que de celle qu'il a fait faire, à peine de trois mil liures d'amende, & de tous despens, dommages & interests, ainsi qu'il est plus amplement porté par lesdites Lettres, qui sont en vertu du present extrait tenuës pour bien & deuëment signifiees, à ce qu'aucun n'en pretende cause d'ignorance.

Acheué d'imprimer pour la premiere fois le premier Decembre 1649.
Les exemplaires ont esté fournis.

ACTEVRS.

VLYSSE.
EVRILOCHE, } Compagnons d'Vlyſſe.
ELPENOR,
CIRCE'.
PHAETVSE. } Sœurs de Circé.
LEVCOSIE.
PERIMEDE, enuoyé d'Itaque par Penelope pour chercher Vlyſſe.
MELANTE, Suiuant de Circé.
Suite d'Vlyſſe & de Circé.
ÆOLE accompagné des Vents.
Le Sommeil.
LE SOLEIL.
IVPITER accompagné des Dieux.

La Scene eſt differente, ſelon les diuers changemens des Machines.

VLYSSE

VLISSE
DANS L'ISLE
DE CIRCE

ACTE I.
SCENE PREMIERE.

AEOLE parlant aux vents dans vne mer agitée où paroist le debris d'vn vaisseau.

NFANS tumultueux des vapeurs de la
    terre,
Qui balancez les airs d'vne immortelle
    guerre ;
Qui trainant apres vous le desordre & l'horreur,
Vous combatez vous-mesme auec tant de fureur,

A

VLISSE,

Furieux tourbillons, quelle iniuste licence
Vous souftrait au deuoir de vostre obeissance ?
Vlisse assez souuent a senty vos efforts,
Puisque vostre fureur l'a ietté sur ces bors,
Sans me monstrer encor dans ce dernier orage
Sur ce vaisseau brisé l'effect de vostre rage.

 Ce Grec que Penelope enuoye à son époux
Quel crime a-il commis ? qu'a-il fait contre vous ?
Ministres insolens des fureurs de Neptune,
Esclaues dangereux d'vne haine importune,
Qui pour vanger vn fils sur Vlisse & les siens,
Meut toute la nature en brisant vos liens ;
Si son ordre vous force à former des tempestes
Allez sur d'autres mers & contre d'autres testes ;
Mais laissez, pour Vlisse & pour tous ses vaisseaux
Vn chemin applani sur l'empire des eaux.

 Toy qu'vn coup de tempeste a poussé dans cette isle
Et qui dans ce rocher cherches en vain azile,
Sors, Perimede, sors.

TRAGICOMEDIE.

SCENE II.

PERIMEDE, AEOLE.

PERIMEDE.

Que voulez-vous grand Roy ?
Dieu des vents, qui vous fait descendre iusqu'à moy.

AEOLE.

Du Heros que tu sers les vertus non communes
Interessent les Dieux dans toutes ses fortunes ;
Il sçait que de long-temps ie l'ay favorisé :
Et si ses compagnons en eussent mieux vsé,
Vlisse apres le sac de la superbe Troye,
Eut par vn prompt retour comblé les siens de ioye.
Mais les destins en ont autrement ordonné :
A de plus longs trauaux Vlisse est condamné.
Ils veulent que sa vie en merueilles feconde
Force auant ce retour, l'Enfer, la Terre & l'Onde :
Et que de mille maux ce Heros combattu
Fasse aux siecles futurs adorer sa vertu.
Reuere leurs decrets, & benis ton naufrage,
Qui seul iusques à luy t'a pû faire vn passage.

A ij

4 VLISSE,
Circé depuis vn an le retient en ces lieux
Par vn charme eternel de l'oreille & des yeux.
Il viendra ce matin sur ces humides plaines,
Iouyr auec Circé du concert des Syrenes:
Le calme, que ie laisse en garde à mes Zephirs,
Les inuite encor mieux à ces nouueaux plaisirs.
Tâche de l'aborder.

PERIMEDE.

Dieux! par quel sacrifice...

AEOLE l'interrompant.

Aeole doit ces soins à la gloire d'Vlisse,
A Penelope... il vient. Acheue ton employ.
Zephir demeure icy. Vous autres suiuez moy.

Aeole s'en-vole, & emmeine les vents auec luy.

SCENE III.

VLISSE, EVRILOCHE. Suite. PERIMEDE.

VLISSE parlant à vn suiuant de Circé.

Vostre Reyne auiourd'huy se fait beaucoup attendre ;
I'ay crû qu'elle seroit la premiere à s'y rendre,

TRAGICOMEDIE.

Pour iouïr d'vn concert si remply de douceur,
Elle me le promit auecque tant d'ardeur,
Qu'elle a dû dés long-temps preceder ma venuë,
Mais ie me puis vanter de l'auoir preuenuë.
Va, dis-luy de ma part que le calme est si beau
Qu'on ne voit plus troubler l'égalité de l'eau,
Que par quelques Zephirs, dont les foibles haleines
Prestent vn air tranquille au doux chant des Syrenes.

SCENE IV.

VLISSE continuë.

HE' bien, cher compagnon de tant de maux souf-
ferts
Echapez aux perils courus sur tant de mers
Que ces beaux iours sont doux, qui suiuent tant d'o-
rages!
Que ce port est aimable apres tant de naufrages!
Dans cet heureux sejour tous nos malheurs passez
Par vn an de bonheur sont bien recompensez.
Nostre Grece où le luxe & la magnificence
Estallent leurs tresors auec tant d'abondance,
N'a rien de comparable aux douceurs de ces lieux.

A iij

VLISSE,

Tout semble naistre ici pour le charme des yeux.
Ici mille beautez épuisent leurs adresses,
Pour enchanter nos soins & tromper nos tristesses,
Et leur Reyne sur tout par des charmes puissans
Seme icy mille appas pour le plaisir des sens.

EVRILOCHE.

Non, Seigneur, nostre Grece en delices fertile
N'a rien de comparable aux douceurs de cette Ile.
Vn Soleil tout entier coulé dans ce sejour,
Et tant de iours passez dans les jeux & l'amour,
Nous l'ont assez appris, Seigneur, & ie m'estonne
De vous en voir encor dédaigner la Couronne.
Repondrez-vous tousiours auec cette froideur
A Circé, qui vous l'offre auecque tant d'ardeur ?
Ne flechirez-vous point ?

VLISSE.

Euriloche peut-estre,
Mais...

EVRIL.

Quoy ?

PERIMEDE.

N'en doutons point, i'ay rencontré mon Maistre.

VLISSE.

Que veut cet étranger?

TRAGICOMEDIE,
PERIMEDE.

Perimede, Seigneur.

VLISSE.

Que vois-je? Perimede: Ah! comble de bonheur.
Qui t'ameine en des lieux si reculez d'Itaque?

PERIMEDE.

Penelope, Seigneur, Laërte & Telemaque,
Tous trois impatiens de voir encore en vous,
L'vn vn fils, l'autre vn pere, & la femme vn espoux,
M'ont fait courir cent mers; & ce n'est qu'à l'orage
Que ie doy le bonheur d'aborder ce riuage :
Ah! Seigneur, que de pleurs répandus nuict & iour,
Depuis vostre depart pressent vostre retour!
Laërte pleure vn fils, & Telemaque vn pere,
Penelope autrefois à vostre amour si chere
Ioint ses larmes aux leurs, & sa tendre amitié
Ressent ce que tous deux souffrent pour sa moitié;
Mais sa forte douleur se fera mieux cognestre
Par les traits qu'elle mesme a peints dans cette lettre.

VLISSE prenant la lettre.

Quel estrange surprise, & quel trouble soudain
De l'esprit & du cœur passent iusqu'à ma main!
Que vous allez ietter de soucis dans mon ame,
Iustes douleurs d'vn fils, d'vn pere & d'vne femme!

VLISSE,
Il lit.

Celle qu'vn sainct amour a mise en tes liens
Penelope t'écrit trop insensible Vlisse;
Pour finir son supplice
N'écris rien, mais reuiens.

Fidelle impatience, aimable inquietude,
Reproche & chastiment de mon ingratitude,
Penelope, beau nom si cher à mes desirs,
Beaux traits, où mon amour rallume ses soupirs,
Plaintes d'vne moitié trop digne de mes larmes,
Que dans vn seul moment vous dissipez de charmes.
Mortel enchantement d'vn si doux souuenir,
Toy, par qui ma raison se laissoit preuenir,
Circé, lache assassin d'vne si belle flame
Quitte à mes premiers feux l'empire de mon ame.

Helas! ie m'endormois dans ces lieux enchantez;
Mes yeux pleins de l'éclat de nouuelles beautez
Mettoient à tous momens en peril ma constance;
Mais ie pars, chere épouse, & fuis de leur presence.

Si le bruit de ta gloire à flatté mon amour,
Si mes soins s'endormoient à de si puissans
charmes,
Ie retourne à mes larmes,
Quand i'attens ton retour.

Cruel que me sert-il que ta rare valeur
Ait forcé le demon de l'inuincible Troye;

Si

TRAGICOMEDIE.

Si ie n'ay pas la ioye
De reuoir son vainqueur.

En effect, vous deuiez apres cette victoire
Prendre part la premiere aux douceurs de ma gloire,
Voir soudain vostre époux plein d'honneur & d'amour
Satisfaire à l'espoir d'vn glorieux retour;
Et tout enflé pour vous d'vne telle conqueste
Venir mettre à vos pieds les lauriers de sa teste.

Troye est à bas, qui peut empescher ton retour?
Est-ce ta mort? non, non, ma mort l'auroit suiuie,
Puisque ie suis en vie
Tu vis; mais sans amour.

Sans doute ingrat Vlisse; & quelqu'autre beauté
Pour vanger Ilion en soüillant ta victoire
Te dérobe la gloire
De ta fidelité.

Helas! c'en estoit fait, espouse trop fidelle,
I'allois gouster l'appas d'vne flamme nouuelle,
Si vostre souuenir rappellant ma raison
N'eut defendu ma foy contre sa trahison:
Mais auec ses clartez vn remors legitime
Retrace auec douleur l'image de mon crime,
M'en presente l'horreur, & me rend en ce iour
Ma premiere innocence, & ma premiere amour.

B

VLISSE,

L'estat où me reduit ce soupçon odieux
Pousse dans le tombeau Telemaque & Laërte;
Viens empescher leur perte,
Où nous fermer les yeux.

Ah! vous ne mourrez point, ie vay par ma presence
De vostre desespoir vaincre la violence.
Resistez, Penelope, on va vous secourir.
Il faut quitter ces lieux, Euriloche, ou perir.

EVRIL.

Seigneur....

VLISSE.

N'oppose point à mon impatience
Qu'on ne peut de Circé tromper la defiance,
Qu'on nous fait obseruer, que ces lieux sont gardez;
Que de cent yeux veillans nos pas sont regardez,
Que ie suis sans vaisseaux, que ma perte est certaine,
Si l'amour de Circé se conuertit en haine.
I'oppose à tes raisons ma prudence & ma foy,
Qui fit tant pour les Grecs, peut tout ozer pour soy.
Quand l'amour pourroit moins, ce grand Dieu de
　miracles;
Ie cognoy mon destin plus fort que ces obstacles.
Qui fut tousiours vainqueur auroit-il pû dechoir
Iusques à n'auoir pas sa fuite en son pouuoir?

TRAGICOMEDIE.

EVRILOCHE.

Hé bien, exposons-nous à de nouueaux naufrages,
Deuenons derechef l'objet de mille orages ;
Les hostes vagabons de ces tombeaux mouuans,
Ou le butin de l'onde, ou le joüet des vents.
Ie ne combattray point vn dessein si funeste ;
De tous vos compagnons perdez ce qui vous reste ;
Mais regardant l'estat où vous estes reduit,
Mesurez vostre espoir au malheur qui vous suit.
Vostre destin, Seigneur, a bien changé de face ;
Vous tombez tous les iours de disgrace en disgrace,
La perte d'Ilion comblant vostre bonheur.
Les Dieux semblent quitter le parti du vainqueur ;
Ils vous ont inspiré le dessein impossible
D'vne fuite, où ie voy vostre perte infaillible,
Afin que par les traits d'vn amour indigné
Ils puissent voir perir ce qu'ils ont épargné,
Songez....

VLISSE.

Cette pitié n'agit que pour vous-mesme,
Ie sçay vos interests, vous aimez, l'on vous ayme.
C'est ce zele qui fait obstacle à mon retour,
Mais seul, & sans tarder ie suiuray mon amour.
Mais i'apperçoy Circé. Mes soupirs & mes larmes,
Desordre, desespoirs, inuincibles allarmes,

B. ij

Ramaßez dans mon sein toute vostre rigueur,
Et cachez à ses yeux le tourment de mon cœur.

SCENE V.

CIRCE', VLISSE, EVRIL. ELPENOR,
PHAETVSE, LEVCOSIE, Suite de Circé,
Suite d'Vlisse.

CIRCE' à Vlisse.

IE l'aduouë auiourd'huy, vous m'auez attenduë,
Mais tousiours cette ardeur ne m'a pas preuenuë :
Ie la preuiens souuent, & peut-estre mon cœur
Peut reprocher au vostre vn peu plus de froideur.
Mais ce visage sombre & couuert de tristeße
Dement l'air dont tantost vous blasmiez ma pareße.

VLISSE.

Ie suis tel, quand ie suis absent de vos appas ;
Peut-on estre autrement quand on ne vous voit pas?
Cette serenité que troubloit vostre absence,
Ie la sens reuenir auec vostre presence.

TRAGICOMEDIE. 13

CIRCE'.

Ie le voy bien, Vlisse est dans sa belle humeur;
Les Syrenes s'en vont l'accroistre par la leur;
Car n'apprehendez point que leurs chants infidelles
Nous dressent maintenant des embusches mortelles;
I'ay fait que leur concert n'a rien de dangereux,
Tout leur but est de plaire aux Tritons amoureux,
Donc pour en mieux gouster les douceurs nompareilles
Sans en craindre l'appas deuenez tout oreilles.

VLISSE.

Madame prés de vous ie sçay bien qu'en ces lieux
Mon oreille aura moins de plaisir que mes yeux.

CIRCE'.

Allons.

SCENE VI.

EVRILOCHE, LEVCOSIE, PERIMEDE.

EVRILOCHE.

Ils sont partis, approche Perimede.

B iij

VLISSE,

LEVCOSIE reuenant sur ses pas à Euril.

Quoy vous ne suiuez pas ? quel ennuy vous possede ?
Qu'est-ce ?

EVRIL.

Helas ! Leucosie, vn si grand changement
Dans l'estat où ie suis n'est pas sans fondement.

LEVCOSIE.

Ah ! parlez.

EVRILOCHE.

Puis qu'il faut que ie vous éclaircisse,
Vlisse veut partir, & ie doy suiure Vlisse.

LEVCOSIE.

Dieux que me dites-vous ?

EVRIL.

Ces climats enchantez,
Ces lieux, dont vos attraits augmentent les beautez.
Ces bors delicieux, ce charme de nos peines
Pour arrester Ulisse ont de trop foibles chaisnes :
Il vous quitte, mais lors qu'il rompt tous ses liens,
Ie déchire mon cœur voulant briser les miens :
Et forcé d'obeïr, sans que mon amour cede,

TRAGICOMEDIE.

Ie pars le trait au cœur, & ie fuis du remede.
Par ce funeste estat iugez de mon tourment.

LEVCOSIE.

Mais d'où vient dans Vlisse vn si prompt change-
ment ?

EVRILOCHE.

Ce Grec en luy donnant vn escrit de sa femme
Luy rend tous les transports de s'amourante flame,
Et dérobe à Circé ces soupirs glorieux
Dont son cœur honoroit le pouuoir de ses yeux.

LEVCOSIE.

Pers-je aussi le pouuoir que i'auois sur le vostre ?
Partez-vous pour me fuïr, ou pour en suiure vne
autre ?

EVRIL.

Moy, vous fuïr !

LEVCOSIE.

Mais enfin vous quittez ce sejour.

EVRIL.

Mon deuoir malgré moy l'emporte sur l'amour.

LEVCOSIE.

Quiconque pour autruy choque vne amour extréme,

Ne sçait pas bien aimer, ou ne sçait pas qu'on l'aime.

EVRILOCHE.

Cognoissez, donc le cœur qui consent ce depart,
Princesse mon deuoir y prend si peu de part
Que dans le triste estat où mon ame est reduite
Mon deuoir n'est ici qu'vn pretexte à ma fuite.
Ie pars, non pour Vlisse, & ne quitte ces lieux
Que pour fuir vn objet trop fatal à mes yeux,
Qui rit de mes soupirs, & braue ma constance;
Ie fuis auec honneur par mon obeissance,
Et mon orgueil lassé d'vne iniuste froideur
Impute à mon deuoir l'effort de sa rigueur.

LEVCOSIE.

Le malheur d'Euriloche est moindre qu'il ne pense.

EVRIL.

Ie le sens toutefois plus grand que ma constance.

LEVCOSIE.

I'en dirois dauantage, & vous vous plaindriez
 moins,
Mais vn semblable adueu ne veut pas de témoins.
Si ce n'est pas assez pour vous faire iustice
Circé prendra le soin de retenir Ulisse:
Et si contre sa force il ose resister,
Ie sçay par quels liens ie doy vous arrester:

SCENE

TRAGICOMEDIE.

SCENE VII.
EVRILOCHE, PERIMEDE.

EVRILOCHE.

Cognoy mieux, Euriloche, & quitte la pensee
D'auoir lancé le trait dont mon ame est blessee.
Amy, quels sentimens conserues-tu pour moy?

PERIMEDE.

Les mesmes que i'auois en vous donnant ma foy.
Ie n'ay point entrepris ce penible voyage
Pour l'honorable employ d'vn perilleux message;
Ie me suis exposé pour vous reuoir, Seigneur,
Et vous voyez en moy mesme esprit mesme cœur;
Tousiours de vos desseins executeur fidelle,
Quels qu'ils soient, & c'est moins vn effet de mon zele,
Que du iuste raport qui se trouue entre nous,
Vous aymez à broüiller, ie l'ayme plus que vous.
Vostre grand cœur sans cesse à commander aspire,
Ne s'assouuit de rien, peut tout ce qu'il desire;
Iuge pour s'aggrandir tout moyen glorieux.
De mesme i'ay le cœur, haut, grand, ambitieux;

C

VLISSE,
Adroit, ou pour parler en termes du vulgaire
Fourbe, meschant, enfin pour vous homme à tout faire.

EVRILOCHE.

Que ton secours m'est cher auec ces qualitez,
Il n'en falloit pas moins dans les difficultez,
Qu'opposent Elpenor, Phaëtuse & la Reyne
A mon ambition, à ma flamme, à ma hayne.

PERIMEDE.

Voila bien de l'employ. Vous aurez donc tousiours
Dedans tous les climats de nouuelles amours,
Cette beauté sans doute a captiué vostre ame.

EVRILOCHE.

Tu cognoy mal encor le sujet de ma flamme,
Cher amy d'autres yeux allument mes desirs,
Elle a mes complimens, sa sœur a mes soupirs :
Mais pour punir ma feinte, & mon amour extresme
Phaëtuse me hait, autant que sa sœur m'ayme.

PERIMEDE.

Ainsi vous vous vangez de la sœur sur la sœur.

TRAGICOMEDIE.

EVRILOCHE.

Ainsi mon orgueil feint sans vaincre mon malheur.
Elpenor à mes vœux enleue Phaëtuse ;
Et de l'heur d'vn riual ma passion confuse
Refusant de paroistre aux yeux de mon vainqueur,
De honte & de dépit se cache dans mon cœur.
J'approche, Leucosie, & soupire auprez d'elle,
Ie m'efforce à l'aimer, & mon ame rebelle
Par ce nouuel amour veut rompre ses liens ;
Mais sans rompre mes fers, elle entre dans les miens.
Elle m'ayme, & mon cœur certain de sa victoire
Quand ie veux m'applaudir en dédaigne la gloire ;
Ainsi ce malheureux en vainquant à son tour
Fait peu pour son orgueil, & rien pour son amour.

PERIMEDE.

Ces disgraces deuroient vous rendre plus propice
Au dessein qu'a formé la passion d'Klisse,
Cependant vous auez éuenté son secret.

EVRIL.

Ie l'ay dit, Perimede, & i'en ay du regret.
Qu'ay-je fait ?

C ij

VLISSE,

PERIMEDE.

Mais, Seigneur, vne secrette fuite
Peut reparer bien-tost ce manque de conduite.

EVRIL.

Ne t'imagine pas que l'ardeur de partir
Iette dedans mon cœur ce soudain repentir,
I'ayme trop Phaëtuse, & toute autre fortune
Sans sa possession me seroit importune ;
Mais (grace aux Dieux) ie puis dans sa possession
Remplir tous les desirs de mon ambition.
En dépit de sa flamme, en depit de sa hayne
Ie l'ayme d'autant plus qu'elle doit estre Reyne;
Et qu'ainsi mon espoir triomphant à son tour
Elle peut couronner ma teste & mon amour.

PERIMEDE.

Mais i'ay sceu que Circé regnoit dedans cette ile.

EVRIL.

Cet ile est moins pour elle vn trône qu'vn azile.
Par cet art merueilleux, par ces diuins effets,
(Dont elle fit sur nous d'effroyables essais,
Quand son rare pouuoir par vn fameux miracle,
Fit de nous à nous-mesme vn horrible spectacle,

TRAGICOMEDIE.

Enfermant nos esprits par des charmes nouueaux,
Dans le corps du plus vil de tous les animaux,)
Par ce mesme pouuoir cette Reyne outragee
D'vn infidelle époux autrefois s'est vangee,
Et par la mort du Roy le Scythe furieux
La chassant de son trône, elle vint dans ces lieux,
Où trouuant Phaëtuse en sa premiere enfance
Sans peine elle occupa la supreme puissance,
Les plus grands de l'estat imputant à bonheur
De luy voir gouuerner l'Empire de sa sœur.

Mais de depositaire elle s'erige en Reyne,
Et la soif de garder la grandeur souueraine
Luy faisant écouter cent pensers differens,
Qui sont incessamment du conseil des Tyrans,
L'oblige à reculer l'hymen de la Princesse,
Cet obstacle à mes vœux laisse encor ma maistresse,
Et me fait esperer de pouuoir quelque iour
Ruiner d'Elpenor la fortune & l'amour.

Dans ce dessein, amy, i'ay besoin de ton aide,
Va le voir de ma part, fais luy voir Perimede,
Que sans honte il ne peut souffrir Circé regner,
S'il attente il se perd, & s'il l'ose épargner
I'espere le destruire auprés de Phaëtuse,
M'offrant pour le secours que son bras luy refuse.

PERIMEDE.

Que voyons-nous, Seigneur ?

C iij

VLISSE,

EVRIL.

Circé dans ce vaisseau
Prepare à son Vlisse vn plaisir fort nouueau.
Desia dessus les eaux i'apperçoy les Syrenes
Qui s'en vont soupirer leurs amoureuses peines.

PERIMEDE.

Que ie puisse iouyr d'vn si rare plaisir.

EVRIL.

Approchons, ie veux bien contenter ton desir.

SCENE VIII.

VLISSE & CIRCE' dans vn vaisseau auec toute sa suite, écoutent le concert des Syrenes.

Chanson.

AMour qui ne te plais qu'à nous faire la guerre,
Qui puissant dâs les eaux autant que sur la terre,
Viens embrazer nos cœurs au milieu de la mer,
Soulage ou fais mourir des flammes allumees,

TRAGICOMEDIE.

Sommes nous faites pour aymer
Et pour n'estre iamais aimees.

Pour conseruer l'honneur de tes traits inuincibles,
Frappe ces petits Dieux, ces Tritons insensibles,
Force-les d'adorer ce qu'ils osent blâmer,
Et punis leur orgueil de nous auoir charmees
    Du mal que nous souffrons d'aimer,
    Et de n'estre iamais aymees.

SCENE IX.

PERIMEDE, EVRILOCHE.

PERIMEDE.

Que mes sens sont rauis, Seigneur, que de merueilles!

EVRIL.

Circé nous en fait voir tous les iours de pareilles;
Apres ce qu'elle a fait, ce n'est pas sans raison
Que par elle en credit cet ile a pris son nom.
Aussi Circé n'est pas vne femme ordinaire.

VLISSE,

Perse l'eut autrefois du Dieu de la lumiere,
Mais ce fut en Scythie ou Perse mit au iour
Ce noble & digne fruict d'vne si belle amour.
Que si les autres deux ont le Soleil pour pere,
Toutes deux en ces lieux eurent vne autre mere,
Ou Phaëtuse aynée emporte sur sa sœur
L'espoir d'auoir vn iour la supreme grandeur.
 Ainsi pour satisfaire à mon amour extréme,
Les Dieux dedans cette ile ont mis tout ce que i'ayme.
Il est vray que ces Dieux jaloux de mes plaisirs
Diuisent en trois sœurs l'objet de mes desirs,
Mais dans l'vne des trois mon amour se prepare,
D'vnir ce, qu'en ses sœurs la fortune separe.
Il est doux de regner, il est doux d'estre aimé;
Mais c'est peu sans l'objet de qui l'on est charmé;
Circé regne en ces lieux, mais Phaëtuse est blessé;
L'autre est sans tous les deux, mais ie suis aimé d'elle,
Ainsi dans Phaëtuse où l'on voit tant d'appas,
Ie voudrois assembler tout ce qu'elle n'a pas,
Le pouuoir de Circé, l'amour de Leucosie;
Regner sans compagnon, aimer sans ialousie,
Perdre Vlisse, Elpenor, ou bien les esloigner,
L'vn nuit à mon amour; tous deux peuuent regner.
Mais malgré mes Riuaux i'obtiendray la victoire,
Que si cet attentat peut offenser ma gloire,
Attentif à la voix d'vn si superbe espoir,
Ie rejette, & ie suis celle de mon deuoir.
    Fin du premier Acte.

TRAGICOMEDIE. 25

ACTE II.
SCENE PREMIERE.

ELPENOR, PHAETVSE.

ELPENOR.

La Scene dans vn iardin.

QVAND flatté d'vn bonheur qui passe mon attente,
Ie mesure au passé ma fortune presente,
Ie me trouue si haut, qu'au poinct où ie me voy,
Mon ame pour tant d'heur n'a pas assez de foy ;
Il est vray toutefois la prochaine iournee
Verra finir mes maux par vn sainct hymenee,
Ma fortune establie, & nos desseins vnis :
Vous l'auez consenty, Circé me l'a promis.
Heureux consentement ! fauorable promesse !
A quel aimable excedś de gloire & d'allegresse
Quand i'attendois le moins vn bonheur si charmant,
Auez-vous éleué ce bien-heureux amant !

D

Quel sort pourroit Princesse égaler ma fortune ?
Si d'vn succez commun la ioye estoit commune.

PHAETVSE.

Elle l'est, Elpenor, & la part que i'y prends,
M'a donné vos transports, & peut-estre plus grands.
Iugez-en par l'estat où l'amour m'a reduite,
Vous sçauez son progrez, sa naissance, sa suite,
Ses peines, quand l'hymen s'appreste à les finir,
Ma fortune redouble à m'en ressouuenir.
Deslors que ie vous vis, cette premiere veuë
D'vn aimable transport me rendit toute émuë :
A ce premier regard ie sentis dans mon cœur
Vn desordre agreable, vn trouble sans douleur,
Ie n'aymois qu'à vous voir, vous parler, vous entẽdre,
Tous les autres plaisirs n'auoient rien pour me prẽdre,
Et vous seul occupiés à toute heure, en tous lieux,
Mon cœur, mon souuenir, mon oreille, & mes yeux.
Auant que vostre amour commençast de paroistre,
Le mien de tous mes sens s'estoit rendu le Maistre,
Et i'ay souuent rougy d'auoir eu tant d'amour,
Sans que par quelque adueu le vostre eust veu le iour.
Iugez donc maintenant, combien ie suis charmee,
Aymant si doucement & me voyant aymee,
De toucher à ce iour, qui par vn doux lien
M'assurant vostre amour authorise le mien.

ELPENOR.

Moderez vos faueurs, afin que i'en iouïsse;
Leur excedes me confond. O Ciel vrayment propice!
Ie vous benis, ô pleurs respandus nuit & iour!
Que le fruit que i'en cueille est doux à mon amour!
Que nos feux sont charmans quand ils en forment
  d'autres!
Et mes souspirs heureux en rencontrant les vostres!
Quand deux cœurs bien vnis s'accordent en desirs,
Ce qu'on nomme des fers sont des nœuds de plaisirs,
Plaise au Dieu de nos cœurs, à ce Dieu qui m'enflame
Que puisque mon amour a passé dans vostre ame,
Il vous fasse sentir par ces mesmes efforts
De pareilles douceurs & de pareils transports;
Et qu'alors que vos feux rendent ma ioye extréme
Vous puissiez en gouster autant que ie vous ayme;
Mais las! que mon amour a sujet de trembler,
De ce trouble qu'en vain vous taschez de voiler,
Qu'ay-ie encor à souffrir? cessez de vous contraindre.

PHAETVSE.

Ny pour vous ny pour moy ie ne voy rien à craindre,
Ie ne sçay quoy pourtant semble me presager
L'inuincible chagrin dont ie me sens ronger;
Il est sans fondement, mais i'en suis plus émuë

D ij

Moins de cette douleur la cause m'est cognuë ;
Ie soupire sans cesse, & sens couler des pleurs,
Ie me plains,& ne puis sçauoir pour quels malheurs,
Ne pouuant dissiper cette frayeur mortelle,
Permettez que du moins ie m'asseure contr'elle.
Circé vous le sçauez, retient dedans ces lieux
Vn sceptre que ma mere auoit de mes ayeux.

ELPENOR.

Oüy, ie le sçay, Princesse,& mon amour n'aspire
Qu'à remettre en vos mains ce Sceptre & cet Empire.
C'est vn dessein desia dans mon cœur arresté :
Non que plein de l'espoir dont vous m'auez flatté,
Au bonheur sans pareil, que vostre hymen me donne,
I'aspire d'adiouster l'éclat d'vne Couronne,
Alors que vos beaux yeux me sceurent asseruir,
Ie bornay tous mes vœux à l'heur de vous seruir,
Et ce que mon amour obtient de recompense
Passe tous mes desirs comme mon esperance :
Mais pour vostre querelle,& pour vanger vos droits
Contre vos oppresseurs ie sçay ce que ie dois.

PHAETVSE.

Ie le voy bien, les maux que ma douleur presage,
Sont ceux où ce dessein pousse vostre courage.

TRAGICOMEDIE.

ELPENOR.

Ie sçay que ce dessein est hardi, perilleux,
Ie cognois de Circé le pouuoir merueilleux ;
Mais si de son sçauoir la force m'est connuë,
Ie sçais aussi qu'Vlisse à nos yeux l'a vaincuë,
Qu'assisté d'vn secours que les Dieux a mon bras
Armé pour vous seruir ne refuseront pas ;
Vlisse contraignit cette hostesse infidelle,
De rendre à ses amis leur forme naturelle.
Ie sçay plus que contr'elle vn peuple reuolté
Malgré ce grand pouuoir si craint, si redouté,
L'a forcee à sortir de son propre heritage.
Ces exemples, Princesse, appuyent mon courage,
Et i'adiouste qu'il faut moins de force & de cœur,
Pour chasser vn Tyran, qu'vn iuste possesseur.
Le Ciel de nos projets soustiendra la iustice.

PHAETVSE.

Imputés à l'amour la victoire d'Vlisse,
Seur que si pour ranger le Scithe à son deuoir
Circé n'eût dedaigné d'vser de son pouuoir,
Toute la terre à fuir ne l'auroit pas reduite,
Ce fut vne retraite, & non pas vne fuite ;
Lasse de commander à ce peuple sans foy
Qui l'accusoit d'auoir empoisonné son Roy ;

D'vn barbare climat, d'vne terre infertille,
Son destin ou son choix la poussa dans cette isle ;
Puisque ou la Couronne a peu la contenter,
Il n'est effort humain qui la luy puisse oster ;
C'est se perdre, Elpenor, que de s'armer contr'elle.

ELPENOR.

Mais c'est perir pour vous & pour vostre querelle,
Ie treuue vn tel destin si beau, si glorieux,
Que i'oserois m'armer mesme contre les Dieux.

PHAETVSE.

Et ie treuue pour moy tant de sujet de larmes
Dans vos moindres perils, dans vos moindres allarmes,
Qu'à ce prix mille estats seroient trop achetez.
La fille du Soleil a d'autres vanitez.
I'ayme, semblable au Dieu qui lance le Tonnerre,
A posseder vn cœur plus que toute la terre :
Laissez-moy seurement iouïr de mon bonheur
Ie puis sans lacheté laisser regner ma sœur,
Et luy dois bien du moins cette reconnoissance,
Pour les soins qu'elle a pris d'éleuer mon enfance.
Outre qu'elle me traite auec tant de bonté
Que ie me puis vanter que de la Royauté,
Nous partageons le fruict, elle a toute la peine :

TRAGICOMEDIE.

Et de tout cet Estat i'attirerois la haine,
Si ie voulois traiter auec ceste rigueur,
Circé, qui l'a comblé de gloire & de bonheur.
Pour toutes ces raisons, Prince ie vous ordonne,
(S'il est vray que l'on m'aime & non pas ma Cou-
ronne)
De quitter vn dessein qui seul peut aduancer
Les malheurs, dont le Ciel semble me menasser.
I'abandonne pour vous & Sceptre & Diademe
I'ay tout ce que ie veux, pourueu qu'Elpenor m'aime.
Seul, il est mes Estats, mes sujets & mon Roy;
Ce conserue le Ciel & ses iours, & sa foy:
Auec luy ie tiendray ma fortune aussi chere
Qu'auec le Dieu du iour fut celle de ma mere.
Mais c'en est trop flatté de ma facilité,
Vous pourriez bien en prendre vn peu de vanité.

ELPENOR.

Oüy i'en prends, ie l'aduouë, & vous deuez, Princesse
Souffrir dans mon bonheur cette digne foiblesse.
Quelle gloire, quel heur la peut mieux inspirer
Que celuy de vous plaire, & de vous adorer?
Ie n'examine point si c'est vers mon merite,
Si c'est vers mon amour, que le vostre s'acquitte,
Puisqu'vn si grand amour, quoy que peu merité
Donne au peu que ie vaux toute sa dignité.

VLISSE,

Et jette sur mes iours tant de gloire & d'estime
Que l'orgueil que t'en prends deuient trop legitime.

SCENE II.

EVRILOCHE, ELPENOR, PHAETVSE.

EVRILOCHE à Phaëtuse.

Pardonnez si ie romps vn entretien si doux,
Le hazard en réuant m'a mené iusqu'à vous.

ELPENOR.

Puisque c'est le hazard qui nous est si contraire,
Vous pouuez par dessein nous quitter & luy plaire.

EVRILOCHE à Phaëtuse.

Ie treuue qu'il en vse vn peu bien librement.
Vous suis-je....

PHAETVSE.

Il a parlé selon mon sentiment.

EVRILOCHE.

TRAGICOMEDIE.

EVRILOCHE.

Au moins c'est me traiter sans fard, sans complaisance.
Mais qui vous fait si fort detester ma presence
Pour traiter nos amours le temps ne manque pas.

PHAETVSE.

On vous trouue partout où s'adressent mes pas.

EVRILOCHE.

C'est bien souuent hazard, par fois ie le confesse
C'est auecque dessein ; mais il est tel Princesse,
Qu'aprés l'auoir cognu, ie croy qu'assurement,
Ie receurois de vous vn autre traitement.

PHAETVSE.

Vos premiers procedés le font assez comprendre,
Et i'en découre plus que ie n'en veux apprendre.

EVRILOCHE.

Ne vous allarmés point, Madame, reuenés :
Ce dessein n'est pas tel que vous l'imaginés,
Ce n'est plus vne amour qui vous fut importune,
Qui trouble vos plaisirs & sa bonne fortune :
Mes vœux sont maintenant autre part adressés ;
Vous qui n'ignorez pas, qu'ils sont presque exaucés

E

VLISSE,

Pardonnez, si ie dis, que c'est estre vn peu vaine
De croire encore vos yeux les autheurs de ma peine,
Et fort peu presumer de ceux de vostre sœur.

PHAETVSE.

En effet, & vous plaire est vn si grand bonheur
Que c'est orgueil de croire vne telle conqueste;
Que ie plaindrois ma sœur, si ses yeux l'auoient faite!
Elle le croit peut-estre, & vous vous en vantez,
Mais nous arresterons le cours de ses bontez:
Leucosie apprendra qu'elle s'est abusée,
Vous captiuer n'est pas vne victoire aisée,
Bien que de ses appas l'auantage soit grand,
Ils manquent toutesfois du charme qui vous prend,
Elle est née vn degré trop loin de la Couronne,
On sçait vos sentimens, & cela vous estonne.

EVRILOCHE,

Ie tire vanité d'auoir ce sentiment,
Mais vous le condamnez, c'est pourquoy vostre amant
Laisse si volontiers entre les mains d'vne autre
Le sceptre de ces lieux, que les Dieux ont fait vostre.
I'admire sa vertu.

ELPENOR à Phaëtuse.

Voyez à quels tourmens
M'expose la rigueur de vos commandemens.

Que puis-je repliquer à cette raillerie ?
Elle est iuste; ah ! souffrez, si vous aymez ma vie
Que i'ayme mon honneur, ie voy qu'il est perdu
Si par mes mains le sceptre aux vostres n'est rendu.

PHAETVSE.

Ainsi d'vn trait piquant qu'Euriloche vous lance,
Il me rend mes frayeurs destruit mon esperance.
Dieux quel est vostre amour, & quel est mon pouuoir?

ELPENOR.

Doit-il estre ennemy d'vn si iuste deuoir?

PHAETVSE.

I'ayme assez vostre honneur laissez le à ma prudence.

EVRILOCHE.

Tout l'honneur d'vn amant est dans l'obeissance,
 Cependant pour tâcher de r'auoir vos estats
Acceptez le secours que vous offre mon bras.
Pour seruir ma Princesse il n'est rien que ie n'ose
Et ne permettez pas que vostre amant s'expose.

PHAETVSE.

Il sçauroit s'exposer, si i'en auois besoin.

E ij

VLISSE,
ELPENOR.

Euriloche, quitez cet inutile soin,
D'vn estrange soucy vostre esprit s'embarrasse.
Et cette raillerie est de mauuaise grace.

EVRILOCHE.

D'effet il est fascheux d'apprendre son deuoir.

ELPENOR.

Ah! ce n'est pas de vous que ie le veux sçauoir.
Et ce discours enfin commence à me deplaire;
Apprenez à parler, ou songez à vous taire.
Sans le respect...

EVRILOCHE.

Calmez ce dangereux courroux.

ELPENOR.

C'en est trop.

PHAETVSE à Elpenor.

La querelle est à moy : laißez-nous.

ELPENOR.

Souffrez...

TRAGICOMEDIE.

PHAETVSE.

Obeißez.

ELPENOR.

Dieux! quelle violence?

SCENE III.

EVRILOCHE, PHAETVSE.

EVRILOCHE.

I'ose vous asseurer de son obeißance.

PHAETVSE.

Sans elle par l'effort de son ressentiment
Ton manque de respect auroit son chastiment;
Mais si i'ay retenu les traits de sa vengeance
Seule ie l'entreprens de toute ma puissance.
Tu sçauras iusqu'où va mon indignation,
Tu verras, insolent, dans ta punition
Que la plus temeraire & la plus fiere audace
Doit trembler au courroux de celles de ma race.

SCENE IV.

EVRILOCHE seul.

Qv'ay-je fait imprudent ! où me suis-je emporté ?
Est-ce là ce dessein que i'auois concerté ?
Mais Quel Amant eust pû supporter cette veuë ?
Mon Riual occupoit la place qui m'est deuë :
Pouuois-je en ce moment retenir le courroux
Que pousse le transport d'vn desespoir jaloux ?
Non, non, par tant de maux mon amour affligée
A creu tous ses transports, & s'en trouue allegée.
Auois-je auparauant vn sort plus rigoureux ?
Ah! non non; vn amant est bien moins malheureux
D'estre en bute au mespris, que l'estre à la vengeance,
I'ayme mieux son courroux que son indifference,
Tandis qu'elle me hait, i'occupe tout son cœur ;
Et d'vn Riual aimé ie trouble le bonheur.

 Mais de ce grand esclat tu dois craindre la suite ;
Ah ! cette indigne peur fait honte à ma conduite.
Plus mes troubles sont grãds, plus ie sens que mon cœur

TRAGICOMEDIE.

Se roidissant contr'eux augmente sa vigueur.
Il n'est point de malheur plus fort que mon courage,
Dans le plus tenebreux, dans le plus noir orage
Brillent quelques clartez, dont l'inuincible effort
En perce l'epaisseur, & me monstre le port.
Malgré tous mes Riuaux, malgré ta hayne extreme
Vous ne serez qu'à moy maistresse diademe;
Mais ie voy Leucosie, il l'a faut aborder,
Son amour abusée pourra me seconder.

SCENE V.

EVRILOCHE, LEVCOSIE.

LEVCOSIE.

PRince par cet abord parce front plein de joye
Explique le bonheur que le Ciel nous enuoye.

EVRILOCHE.

I'ay si peu de commerce auec le bonheur,
Que tout ce qui m'en parle est suspect à mon cœur.

VLISSE,

LEVCOSIE.

Si la peur d'vn depart nous a couté des larmes
Circé s'en va bientoſt diſſiper tant d'allarmes,
Icy ſes volontez ſont d'inuincibles loix
Elles ont du deſtin & la force & le poids,
Tout ce que de Circé l'amour & l'artifice
Ont tenté iuſqu'icy pour retenir Vliſſe,
Sont de foibles eſſays de ſes moindres efforts,
Elle en eſt maintenant à de ſecretz reſſorts.
Mais ce qui doit mon Prince augmenter voſtre joye,
Outre les grands efforts où ſon pouuoir s'employe
Voulant vous retenir auec plus de douceur,
Elpenor dés demain eſpouzera ma ſœur.

EVRILOCHE.

Quel coup de foudre ô! Dieux, que dites vous Princeſſe?

LEVCOSIE.

Ce qui doit vous combler & d'heur & d'allegreſſe,
Circé preſſe elle meſme vn hymen deſiré,
Que ſon ambition a touſiours differé.

EVRILOCHE.

Quel bonheur? quelle ioye? ô! fortune cruelle.

LEVCOSIE.

TRAGICOMEDIE.

LEVCOSIE.
Est-ce ainsi qu'on reçoit cette heureuse nouuelle?
EVRILOCHE.
De grace laissez-moy souspirer mes malheurs.
LEVCOSIE.
Hé quoy l'heur d'Elpenor cause-il vos douleurs?
EVRILOCHE.
Ouy, dans ce triste estat il m'est insuportable.
LEVCOSIE.
Comment donc?
EVRILOCHE.
Il m'apprend, que ie suis miserable,
Ie le voy dans le port où tendoient ses desirs,
Et ie me vois encor aux larmes, aux souspirs.
Triste, confus, reduit à perdre l'esperance.
LEVCOSIE.
Vn semblable bonheur est en vostre puissance,
Il ne tiendra qu'à vous.

VLISSE,

EVRILOCHE.

A moy Princesse ? helas !
Pour auoir son bonheur, que ne ferois-ie pas ?

LEVCOSIE.

Elpenor est aymé, vous sçauez qu'on vous ayme.

EVRILOCHE.

Vos bontez ne sçauroient vaincre mon mal extreme.

LEVCOSIE.

La Reyne à mes bontez adiouste sa faueur,
Et si de nostre hymen depend vostre bonheur....

EVRILOCHE.

Quoy que i'ose esperer de vous & de la Reyne,
Ie suis encor bien loin de la fin de ma peine.

LEVCOSIE.

Donc vous auez des maux, Prince, à ce que ie voy,
De qui la guerison ne depend pas de moy.

EVRILOCHE.

Ouy i'en ay.

TRAGICOMEDIE.

LEVCOSIE.

L'infidelle, ô! soubçon qui me tuë.
Desia depuis long-temps ie m'en suis apperceuë;
Ie ne m'estonne point si vous versiez des pleurs,
& si l'heur d'Elpenor a causé vos douleurs;
En effet son hymen est digne de vos larmes,
L'ingrat.

EVRILOCHE.

A mon malheur prestés encor des armes
Phaëtuse Elpenor, & les Dieux en courroux
N'estoient point assez forts pour me perdre sans vous,
Il falloit, pour m'oster le repos & la vie
Ioindre à mes ennemis l'ingrate Leucosie,
Et perir par vn trait plus sensible à mon cœur
Que tous ceux que sur moy peut lancer sa rigueur;
Phaëtuse, Elpenor ont iuré ma disgrace,
Ie vous opposois seule au coup qui me menace,
Et l'vnique secours que ie m'estois promis
Va faire contre moy plus que mes ennemys.
Seruez aueuglement leur iniuste vengeance
Mais en m'ostant mes iours, laissez moy l'innocence.
Percez, percez ce cœur, seure qu'en cet estat
Vous perdrez vn amant & non pas vn ingrat.

F ij

VLISSE,
LEVCOSIE.

Pardonnez vn subçon qu'authorisoient vos plaintes,
Qui m'a fait plus souffrir, qu'à vous toutes vos crain-
  tes;
Vous n'estes point ingrat, & ie me croy permis
De me ioindre auec vous contre vos ennemys,
Ma sœur vous hait, he bien ie prens vostre querelle,
Puisqu'il falloit pour vous estre mal auec elle,
Graces aux Dieux mon sort me paroist assez doux,
D'auoir à demesler auec son courroux.
Mais enfin apprenons, quelle estrange aduenture
Me va faire pour vous offenser la nature.

EVRILOCHE.

Sans tarder vostre sœur vous le fera sçauoir,
Mais Princesse d'vn air qui vous fera bien voir
A quel estrange excez sa colere est montée,
Et le peu de sujet qu'elle a d'estre irritée.
Cependant rien ne peut egaller son courroux
Il va pour premier coup me perdre auprez de vous.

LEVCOSIE.

Cét effort Euriloche est hors de sa puissance.

TRAGICOMEDIE.

EVRILOCHE.

A couuert de ce coup ie ris de sa vengeance
Que la terre & le Ciel, cette isle, son amant
S'arment pour le secours de son ressentiment.
Que leurs efforts vnis me declarent la guerre
Auec vous pouuant vaincre & le Ciel & la terre
Le trespas d'Elpenor armé pour vostre sœur
Est vn essay trop foible à ma iuste fureur.

LEVCOSIE.

A ce boüillant courroux vous estes trop sensible.

EVRILOCHE.

Sa vie auec la mienne est trop incompatible
Il me hait, ie le hays, & cette occasion
V a redoubler sa hayne & mon auersion,
A tel point, que malgré tout le respect d'Vlisse
Il faut que sans tarder l'vn ou l'autre perisse,
Il faut sans differer, s'il ne quitte ces lieux
Qu'il tombe par ma main, ou m'égorge à vos yeux.

LEVCOSIE.

O Dieux!

F iij

EVRILOCHE.

Pour prevenir ma mort ou son suplice
Ouurez quelque chemin à la fuite d'Vlisse.
Si tantost nostre amour à trahit son dessein
Pour fuïr, ce mesme amour luy doit prester la main.
Il le faut, ma fortune à ce point est reduite
Par la necessité d'accompagner sa fuite.
Ie contrains Elpenor de quitter vn sejour,
Dont son inimitié me banniroit vn iour.

LEVCOSIE.

Que me demandez vous, faut-il que ie rauisse
Elpenor à ma sœur, à Circé son Vlisse?

EVRILOCHE.

Que perdent vos deux sœurs, s'ils quittent ce sejour,
Ayez soin de leur gloire, & non de leur amour;
Et que les maux d'Vlisse attendrissent vostre ame,
Secourez vn Epoux, qu'on arrache à sa femme.
Arrachez Penelope aux maux où ie la voy,
Helas si vostre amant vous trahissoit sa foy....

LEVCOSIE.

Ie fremis au penser d'vn malheur si terrible.

TRAGICOMEDIE.

EVRILOCHE.

Penelope, Princeſſe eſt-elle moins ſenſible?
Mais de plus grands motifs demandent ce depart,
Noſtre gloire le veut, elle y prent tant de part,
Qu'au peril qu'elle court la raiſon m'abandonne,
Mon ennemy mortel pretend à la Couronne,
L'hymen de voſtre ſœur va mettre dans ſa main
Le glorieux eſpoir du pouuoir ſouuerain.
Il ſçaura ſe ſeruir des droits de Phaëtuſe,
Il ſçaura l'arracher, ſi Circé le refuſe.
Helas! ſi ſon orgueil acheue ſes projets,
Il ſera noſtre Roy, nous ſerons ſes ſujets,
Nous luy deurons honneur, obeïſſance, hommage,
Periſſe tout, Princeſſe, auant vn tel outrage.
Ou faites qu'il s'en aille, ou laiſſez moy partir.

LEVCOSIE.

A ce cruel depart pourrois-je conſentir?
Non, non, & puiſqu'il faut monſtrer que ie vous ayme,
De tout ce que ie puis diſpoſer en vous meſme,
Ie ſuis preſte pour vous...

EVRILOCHE.

Princeſſe c'eſt aſſez,
Et vous faites pour moy plus que vous ne penſez.

SCENE VI.

CIRCE' dans l'antre du sommeil.

FOible & dernier secours, que mon amour lassée
Oppose au desespoir dont elle est menacée;
Quel succés à mes maux ay-ie lieu d'esperer?
Retiendrez-vous Vlisse, & m'en dois-ie asseurer?
Mille essays merueilleux sur la terre & sur l'onde
Ont estalé ma flamme aux yeux de tout le monde,
Quand i'ay deu signaler mon pouuoir merueilleux.
Aux yeux d'vn fier Heros, d'vn vainqueur orgueilleux,
I'ay produit des efforts qui vont iusqu'à l'extreme,
Dont les Dieux ont tremblé, dont i'ay tremblé moy mesme.
I'ay fait voir iusqu'au Ciel s'esleuer des vaisseaux,
I'ay fait courber les Cieux iusqu'au centre des eaux,
Dans les iours les plus beaux i'ay formé des nuages,
I'ay fait venir le calme en despit des orages,
I'ay fait rendre à la terre au milieu des froideurs

La ri-

TRAGICOMEDIE.

La richesse des fruits & l'ornement des fleurs;
I'ay suspendu l'effet des chansons des Syrenes,
Vlisse en a iouy sans en craindre les peines;
Et pour tout dire enfin ma flame & mon espoir
Ont consommé pour luy ma force & mon pouuoir.
 Si i'ay fait plus qu'vn Dieu pour signaler ma flame,
Par mes soubmissions ie fais plus qu'vne femme,
Et i'assemble pour luy tous les traits, qu'à leur tour
Mon sexe & mon sçauoir pretend à mon amour.
De ces faits esclatans que produisent mes charmes,
Ie descens aux souspirs, ie descens iusqu'aux larmes.
Ie flate, ie caresse, & i'vse auec chaleur
De tout ce qu'on employe aux surprises d'vn cœur;
Ie le surprens enfin, sa resistance cesse,
I'entre dedans son cœur, i'en deuiens la maistresse,
Et quand par de tels soins ie sens rougir mon front,
Le prix de la conqueste en efface l'affront.
 Parmy tant de douceurs où mon ame se noye,
Dans ces diuins transports d'esperance & de ioye,
D'vn autre amour banny l'inopiné retour
A changé tout Vlisse & trahy mon amour:
Son deuoir rappellé par l'esclat d'vne femme
Luy rend ce que mes soins auoient pris sur son ame,
Penelope elle seule a fait euanoüir
Ce bonheur souhaité, dont ils alloient ioüir;
De tant d'illustres faits, de ces rares merueilles,

G

50 VLISSE,

Le charme ou la terreur des yeux & des oreilles,
Ie n'en recueille rien que le seul desespoir,
Que la honte de voir perir tout mon pouvoir.
Vn seul moyen me reste apres cette disgrace
Pour rentrer dans son cœur & m'y rendre ma place,
Penelope, me l'oste, & pour l'en effacer
C'est au Dieu du sommeil que ie veux m'addresser.
Sommeil, qui de cet antre enuironné de songes
Dans l'esprit des mortels iettent mille mensonges.
Ie le vois, approchons. A quoy me reduis-tu
Amour qui vas trahir ma gloire & ma vertu?

SCENE VII.

CIRCE'. Le Dieu du sommeil.

On ouure le fond de l'antre où paroist le sommeil.

CIRCE'.

A Rbitre du repos, Dieu maistre du silence,
Toy de qui les mortels reuerent la puissance,
Et qui parmy nos maux si longs, & si pressans
Sauues de leurs rigueurs la moitié de nos ans,

TRAGICOMEDIE.

Pardonne, si ma voix trouble ta solitude,
Ie cherche du repos à mon inquietude,
Et dans ce triste estat c'est de toy seulement
Que ie puis esperer quelque soulagement.
 Quand ie voy sans effet mon adresse epuisée
Tous mes soins consommez, & ma puissance usée,
Seul tu peus me seruir par des efforts nouueaux :
Mais pour me secourir, apprens quels sont mes maux.
 I'ayme; mais i'ayme Vlysse, & si i'en fus aymée,
Si par ce grand bonheur mon amour fut charmée,
Cét espoir glorieux en deuient plus confus,
Quand ie voy qu'il m'aymoit, & qu'il ne m'ayme plus.
Sa femme rapellant des deuoirs dans son ame,
Qu'il en auoit bannis en faueur de ma flame,
Me derobe vn amour, qui m'est si glorieux,
Et pour mieux me l'oster luy fait quiter ces lieux.
Elle me le rauit, & toute ma puissance
Ne pouuant sur sa vie estendre ma vengeance,
C'est par toy seulement, que mon transport jaloux
La peut faire perir dans l'esprit d'vn espoux.
Fais luy voir en dormant vne image infidelle
Qui luy fasse hayr ce qu'il aymoit en elle;
Fais-là luy voir perfide, & que par cette erreur
Ie m'en puisse vanger mieux que par ma fureur.

G ij

VLISSE,

Le sommeil.

Vous pouuez icy tout, Nymphe que faut-il faire?
Commandez, & Morphée aura soin de vous plaire.

CIRCE'.

Ainsi malgré les soins, les pertes, les douleurs
Puissent tous les mortels iouir de tes douceurs.
Qu'aucun bruit ne te trouble, & qu'à iamais mon pere
De ton antre sacré recule sa lumiere.

Fin du second acte.

TRAGICOMEDIE 53

ACTE III.
SCENE PREMIERE. *La scène est dans le Palais de Circé.*

CIRCE', VLISSE, EVRILOCHE.

CIRCE'.

 VE faites-vous, Vlisse ?

VLISSE.

Oüy Reyne à vos genoux,
Pour ces deux criminels, à voſtre ſœur, à vous,
De leur peu de reſpect ie vous demande grace,
Euriloche à failly; mais malgré ſon audace,
I'ayme aſſez de nos Grecs le reſte malheureux,
Pour trembler de leur perte, & pour m'offrir pour eux.

G iij

VLISSE, CIRCE.

Euriloche a failly ; mais Vlisse l'excuse,
Pour Circé c'en est trop ; assez pour Phaëtuse ;
Pour si iuste qu'il soit, il n'est point de courroux,
Qui puisse vous dedire & tenir contre vous.
  Mais donnons quelque espace au cours de sa colere :
Cependant mon pouuoir dans le soin de vous plaire
Desarme en Elpenor l'ardeur de se vanger,
Qui mettoit l'vn ou l'autre & tous deux en danger.
Euriloche *Ouy par l'impression d'vn charme qui l'abuse*
Vous serez à ses yeux sa chere Phaëtuse :
Ainsi malgré l'effort de son ressentiment
Dedans vostre ennemy vous verrez vostre amant.

EVRILOCHE.

Que i'euite à ses yeux passant pour sa maistresse
Les traits de sa fureur ! ah ! c'est trop de foiblesse.
Non, non, Madame, il faut.....

CIRCE.

Ie sçay vostre valeur.

VLISSE.

Euriloche, souffrez.

TRAGICOMEDIE.

EVRILOCHE.

J'obeiray, Seigneur.

CIRCE'.

Euriloche autrefois esprouua ma puissance,
Maintenant Elpenor en fait l'experience;
Par ce charme nouueau, qui luy fait en ce iour
Voir en son ennemy l'obiet de son amour,
Ainsi de tous les Grecs, que (dans cette iournée,
Qu'à Circé pour aymer les Dieux auoient donnée,)
La tempeste auec vous emmena sur ces bors,
Contre vous seul i'ay fait d'inutiles efforts
Aussi contre vous seul i'ay refusé les armes,
Qu'offroit à mon amour le secours de mes charmes,
Voulant deuoir vn cœur au refus obstiné
Au seul amour du cœur que ie vous ay donné.

VLISSE.

Princesse auec raison ce reproche m'offense,
I'ay pour vous du respect, non de la resistance;
Sans attendre l'effet de vostre grand pouuoir,
Mon cœur a vos bontez rend ce qu'il croit deuoir,
  Le temps vient grande Reyne, où vous allez co-
    gnoistre
Quels sentimens en moy les vostres ont fait naistre?

VLISSE,

Quelle recognoissance Vlysse est preparé
De rendre à vos faueurs, qui l'ont tant honoré.
Tandis, bien que leur poids & leur nombre m'accable,
Ie voudrois de nouueau vous estre redeuable,
Non pas à vostre amour; ie crains luy trop deuoir;
Mais i'ose importuner encore vostre pouuoir.

CIRCE.

A quoy faut-il pour vous que mon pouuoir s'employe?
Demandez, vous sçauez, s'il vous sert auec joye.
Sçachez de ces Heros, dont les rares portraits
Font l'ornement pompeux de ce riche Palais,
Iusques à quels efforts va mon pouuoir supreme,
Pour vous ie veux qu'il aille au delà de luy-mesme,
Voulez vous voir la terre ou rouler sous vos pas?
Ou se deschirer toute en mille & mille esclats?
Voir le pere du iour retenu dedans l'onde
Dans vn dueil eternel enseuelir le monde;
Voir confondre auec l'air, le feu, la terre, & l'eau,
Voir rentrer l'vniuers dans son premier berceau?
Et puis luy redonnant son ordre & sa lumiere
Le rendre en vn moment à sa beauté premiere?
Voulez-vous trauerser en des climats nouueaux?
Voler dedans les airs, marcher dessus les eaux?
Et voir à mesme temps solides & constantes
Ces regions de vents, ces campagnes flotantes

Ie m'of-

TRAGICOMEDIE.

Ie m'offre à contenter vos plus hardis souhaits;
Mais payez mon amour de tout ce que ie fais.

VLISSE.

Bien que tant de bonté, tant de magnificence
Desia depuis long temps m'ait mis dans l'impuissance,
I'ose encor destiner à de nouueaux exploits
Ce grand pouuoir pour moy signalé tant de fois.
Mais ne refusez pas ma genereuse enuie.
Ie vis Reyne; & les Dieux en me laissant la vie
M'empeschent de reuoir ces mortels demy-Dieux,
Que Troye a veu perir par des coups glorieux.
Ie brusle de reuoir ces ombres immortelles;
Et de forcer le sort qui me separe d'elles;
Faites nous vn passage à ces illustres morts;
Faites moy trauerser tous ces horribles bors,
Ces deluges de flamme & ces brulans abysmes
Que les Dieux ont creusé pour la peine des crimes:
Et faites moy viuant penetrer sans effroy
Ce qu'ils ont mis d'espace entre l'Enfer & moy.
Mais ce dessein vous trouble, & semble vous sur-
  prendre.

CIRCE'.

Ouy i'en sens du desordre, & ne puis m'en defendre;
Alors qu'il faut pour vous consentir vn effort,

H

Qui porte dans mon cœur l'image de la mort.
Vous descendre aux Enfers ? à ce penser ie tremble;
Ie crains pour voſtre perte, & cela luy reſſemble.
Puis-je (quelque pouuoir que m'ayent donné les
　　Dieux)
Confier à l'Enfer des iours ſi precieux.

VLISSE.

Ah ! ne preſumez pas par ces feintes allarmes
De me faire douter du pouuoir de vos charmes;
Ny me faire changer le deſſein que i'ay pris.
Si vous me refuſez, ie l'impute a meſpris,
Et ce refus iniuſte auiourd'huy me diſpenſe
De plus iuſte deuoirs de ma recognoiſſance.

CIRCE.

Qui croit pouuoir briſer la chaine d'vn bienfait,
Menaçant de la rompre, il la romps en effet;
Ce traitement ſuffit pour me faire cognoiſtre
Quels ſentimens en vous mon amour a fait naiſtre.
Mais ie veux l'ignorer; & vainquant mon effroy
Vous oſter tout pretexte à vous plaindre de moy.
Ie m'en vay coniurer pour vous malgré moy-meſme.
De tous les Dieux d'Enfer les puiſſances ſupremes.
Ie vous feray paſſer mille bors, mille mers,
Et d'vn vol ſi preſſé courir dans les Enfers,

TRAGICOMEDIE. 59

Qu'à peine pourrez-vous auec quelque asseurance
Entre l'Enfer & nous croire quelque distance :
Mais par vn mesme effort ie veux en mesme iour
Terminer vostre absence & voir vostre retour.

VLISSE.

Apres ces grands efforts d'amour & de puissance
Osez tout esperer de ma recognoissance.

SCENE II.

EVRILOCHE, VLISSE.

EVRILOCHE.

Quelle bizare humeur vous possede auiourd'huy?

VLISSE.

Pour en iuger ainsi sçauez-vous mon ennuy?

EVRILOCHE.

En peut-on conceuoir dont l'effort authorise

VLISSE,

Ce deſſein eſtonnant, cette eſtrange ſurpriſe?

VLISSE.

L'amour de Penelope a formé ces proiets.

EVRILOCHE.

Ah! quittés ce deſſein, i'ay des vaiſſeaux tous preſts;
Allez dans voſtre Grece eſſuyer tant de larmes.

VLISSE.

Qu'vn lieu iadis ſi cher a pour moy peu de charmes.
Peut-eſtre que l'abyſme où ie cours auiourd'huy
A pour moy plus d'appas & moins d'horreur que luy.
Qu'vn moment, Euriloche, a ietté dans mon ame
De puiſſans ennemis d'vne innocente flame.
I'ay veu (i'en tremble encor) en de ſanglans tableaux
Le crime & l'attentat de mes laſches Riuaux.
I'ay veu mes feux trahis, Penelope perfide;
Telemache mon fils vangeur ou parricide;
Enfin dans vne nuict i'ay veu de tels malheurs;
Qu'vn ſeul auroit beſoin de toutes mes douleurs.

EVRILOCHE.

C'eſt donc l'effet d'vn ſonge.

TRAGICOMEDIE.
VLISSE.

Il est vray c'est un songe;
Mais trop net, trop suiuy, pour le croire vn mensonge;
Celuy-cy ne fuit point aux clartés du reueil.
Malgré mes deplaisirs accablé de sommeil
Ie goustois vn repos plus grand qu'à l'ordinaire;
Quand tout à coup frapé d'vne image legere,
Ie me trouue en des lieux, qui me comblent d'effroy,
Où mille obiets confus s'esleuent deuant moy:
Dans ces obscurités ie ne puis rien cognoistre,
Tandis quelque clarté commence de paroistre,
Semblable a cet esclat, qui finit vn portrait
Apres les sombres traits d'vn crayon imparfait.
Ainsi ce peu de iour dissipant ces ombrages,
M'offre distinctement des brillantes images,
I'entre dans vn beau pré couronné de berceaux
Separez seulement par de petits canaux,
Où la beauté de l'onde, & l'aymable murmure
Des flots, qui de leur lit sautoient sur la verdure
Flattoient si doucement & l'oreille & les yeux,
Qu'on les peut comparer aux douceurs de ces lieux.

EVRILOCHE.

Ce songe iusques-là n'a rien qui soit funeste.

H iij

VLISSE.

Plus cet endroit est beau, plus ie tremble du reste.
  Obseruant de plus prés ces lieux de toutes pars
Vn obiet adorable arreste mes regars.
Dieux! c'estoit Penélope, à sa premiere veuë
D'vn transport de plaisir mon ame est toute esmeuë,
Ie cours pour l'embrasser, quand vn de ses amants
Me preuient, & s'oppose à mes embrassemens.
Mais pour comble d'horreur elle ayme ses caresses,
Et d'vn œil indigné rebute mes tendresses;
Me renuoye à Circé. Dieux que ne vis-ie pas?
A cet obiet ie tremble & ie retiens mes pas:
Là mille traits mortels assassinent ma ioye,
Là de mille douleurs mon cœur deuient la proye
Et lors que ma fureur, qui cherche à m'alleger
Pousse mes pas vers eux afin de me vanger,
Ie me sens arresté d'vn inuisible obstacle:
Ie ne scay si c'est crainte ou l'horreur du spectacle.
Dans ce saisissement immobile & honteux
Ie voy mon fils armé, qui vient fondre sur eux;
Ie m'escrie à l'instant, arreste temeraire.
Luy qui n'escoute rien, que sa seule colere
Les frape, & fait tomber de deux grands coups mortels,
Le sang & les plaisirs de ces deux criminels.
  Interdit & surpris de ce grand sacrifice

TRAGICOMEDIE.

Ie condamne sa rage, & i'ayme leur suplice;
Vn reste de ma flamme, vne mourante ardeur
Parle pour Penelope & pleure son malheur;
Ie hay, i'ayme mon fils, & prens sa violence.
Quelquefois pour fureur, quelquefois pour vengeance:
I'escoute mon amour, i'escoute mon honneur,
Et dans ce grand combat, qui suspend ma fureur,
Ie m'esueille, & ie pers ce songe qui me gesne.
Mais las! le mesme instant recommence ma peine,
Tant ces obiets affreux, que ie ne puis banir,
S'estoient peints viuement dedans mon souuenir.
 Iuge dans quels ennuys cette image me plonge.

EVRILOCHE.

Ce songe est estonnant, mais enfin c'est vn songe.
Soubçonner Penelope! ah le transport ialoux
Vous donne des pensers trop indigne de vous.

VLISSE.

Ie cognoy sa vertu, mais est-il de constance,
Qui ne cede aux rigueurs d'vne si longue absence?
Aux amants dont le nom m'a desia fait ialoux,
Peut-elle auec effet opposer vn espoux,
Que trois lustres entiers escoulés si loing d'elle
Ont fait passer pour mort, ou bien pour infidelle.
 Perimede m'a dit leurs poursuites, leurs soins;

Il m'en a dit beaucoup, & ie n'en croy pas moins.
Tout souſtient mes soubçons sans ceſſe dans mon ame.
Ie vois Agamemnon qu'aſſaſſine ſa femme;
Clytemneſtre perfide; & ce cruel réueil
A pour moy plus de maux que n'auoit le ſommeil.

EVRILOCHE.

Hé bien ne pouuant pas vaincre cette foibleſſe
Seigneur pour s'eclaircir allez dedans la Grece.

VLISSE.

Iray-ie voir rougir mon front & ma maiſon
Du ſang d'vne infidelle & de ſa trahiſon?
Ou ſi mon ame à tort charge ſon innocence
Iray-ie luy monſtrer ma lasche defiance?
Non, non, dans ce combat, dans ces obſcuritez,
Mon cœur dans les enfers doit chercher des clartez.
Là pour garder, ou vaincre vne douleur forte
Pour le moins i'apprendray ſi Penelope eſt morte;
Si mon fils a produit ou vangé mes malheurs.
Si ſon trepas merite ou ma hayne ou mes pleurs;
Si ie la treuue enfin & morte & criminelle,
I'attacheray mes pas à cette ombre infidelle,
Et plus que ſes remors, plus que ſon chaſtiment
Ie ſeray ſon bourreau, ſa honte & ſon tourment;
Si malgré mes ſoubçons i'apprens ſon innocence,

Ie veux

TRAGICOMEDIE. 65

Ie veux que les Enfers contentent sa vengeance;
Que si pour les viuans ils sont sans chastiment
I'iray porter ma teste à son ressentiment.
Adieu, ie pars : il faut que mon ame esclaircie
Sorte de son desordre & de sa ialouzie.
Ie puis bien dans l'Enfer descendre sans horreur,
Si mes soubçons ont mis vn enfer dans mon cœur.
 Au retour nous sçaurons s'il faut reuoir la Grece
Cependant pour tascher d'appaiser la Princesse
Embrassez Elpenor, Circé fera la paix.
Adieu.

SCENE III.

EVRILOCHE seul.

VA, si le Ciel respond à mes souhaits
Pour punir tes soubçons & tes extrauagances
Ton voyage sera plus long que tu ne penses.
 Cependant ie veux bien embrasser mon riual;
Mais d'vn embrassement qui luy sera fatal.

I

Mais il paroist, voyons si la Reyne m'abuse,
Ie dois prez d'Elpenor passer pour Phaëtuse;
Mais ce coup estonnant est hors de son pouuoir;
Il vient, le dois-ie attendre? esuitons de le voir.

SCENE IV.

ELPENOR, EVRILOCHE.

ELPENOR.

PHaëtuse, est-ce vous ? arrestez ma Princesse.

EVRILOCHE.

O! Dieux n'en doutons plus, c'est à moy qu'il s'adresse,
Effet inconceuable à tout autre qu'à moy!
Mais las! il me souuient encor auec effroy,
Qu'autrefois son pouuoir m'a fait plus miserable.

ELPENOR.

Vous me fuyez ô! Dieux, dequoy suis-ie coupable?
Qu'ay-ie fait? ou plustost de quel crime fatal

TRAGICOMEDIE

Me noircit prez de vous mon perfide riual?
Espouuanté de voir cette iniuste colere,
Seur de n'auoir rien fait qui puisse vous deplaire,
Dans cet estonnement ma confuse raison
Ne la peut imputer, qu'à quelque trahison.
Quoy? le lache Euriloche....

EVRILOCHE.

Ah! ce discours me fasche,
Euriloche n'est point ny perfide ny lache.
Et...

ELPENOR.

Vous le deffendez? ô! Dieux, ie suis perdu:
Mais riual mon malheur te sera cher vendu.
Tu ne iouiras point du fait de ta malice;
Le pouuoir de Circé ny le respect d'Vlysse
Ne sçauroit l'arracher à mes sanglants efforts.

EVRILOCHE.

Impuissante fureur! ridicules transports!
Toy mesme à ce riual songe à demander grace;
Ou ta mort preuiendra l'effet de ta menace.

ELPENOR.

Hé bien, puisque ses iours vous sont si precieux

I ij

68 VLISSE,

Que qui l'ose attaquer vous deuient odieux;
Executez vous mesme vn Arrest si funeste
Il m'oste vostre cœur, prenez ce qui me reste;
Heureux si par vos mains ie pers à vos genoux
Des iours que seulement ie conseruois pour vous.
Percez, percez ce cœur, que rien ne vous retienne;
Si vostre main en tremble, employez y la mienne.
Commandez...

EVRILOCHE.

Profitons de sa mortelle erreur.
Mais.... vertu ridicule! ah! suiuons ma fureur.
Iamais, l'occasion ne s'offrira si belle.
Dieux Phaëtuse vient, & sa sœur auec elle.

SCENE V.

LEVCOSIE, PHAETVSE, ELPENOR.

LEVCOSIE.

Vostre Conseil ma sœur m'oblige infiniment.

TRAGICOMEDIE.

ELPENOR à Phaëtuse.

Ah! c'est trop consulter vostre ressentiment.
Ie cede au mien Princesse, & sœur de ma disgrace
Ie suis mon desespoir, sans que vostre menace
Empesche cet amant jaloux & furieux
D'immoler son riual Euriloche, à vos yeux.

SCENE VI.

LEVCOSIE, PHAETVSE.

LEVCOSIE.

Son riual, Euriloche!

PHAETVSE.

O! Dieux quelle menace,
Dequoy vous plaignez vous? quelle est cette disgrace?
Où fuyez vous? helas! ie le r'appelle en vain

I iij

VLISSE,

LEVCOSIE.

Circé sçaura, ma sœur, empescher son dessein.

PHAETVSE.

Elle m'auoit promis d'assoupir sa vengeance,
Ie viuois en repos apres cette asseurance.
Cependant sa fureur....

LEVCOSIE.

Vous la craignez à tort ;
Euriloche a dequoy repousser son effort.

PHAETVSE.

Pour Euriloche moy ie serois allarmée !

LEVCOSIE.

Pourquoy non, s'il est vray qu'il vous a tant aymée ?
Vous dites qu'il m'abuse, & n'ayme encor que vous.
Et nous venons de voir qu'Elpenor est ialoux ;
Ie ne voy pas pourtant qu'il ait sujet de l'estre,
Si l'on traite Euriloche en imposteur, en traistre,
Et qui se rend indigne en me manquant de foy
D'estre veu ny souffert, ny de vous ny de moy.
C'est là vostre conseil ; ie n'en ay point d'ombrage,
Mais pardonnez un cœur qu'un peu d'amour engage;

TRAGICOMEDIE.

S'il refuse vn conseil, qu'Elpenor de ce pas
Vient de nous reprocher que vous ne suiuez pas.

PHAETVSE.

A vostre dam, ma sœur, si ie vous suis suspecte.

LEVCOSIE.

Ah! ma sœur vous sçauez combien ie vous respecte.
Vous estes mon aynée, & bien plus que ce rang
Plus que tout ce qu'on doit aux tendresses du sang,
La parfaite amitié que vous m'auez promise
M'oste tous ces soubçons, & veut plus de franchise.

PHAETVSE.

Cette amitié, ma sœur, m'oblige à vous donner
Le conseil qu'en effet vous semblez soubçonner.
Ie vous l'ay desia dit, & ie vous le repete ;
Que de quelque façon qu'Euriloche vous traite ;
Il couue des desseins qui vous feront vn iour
Repentir, mais trop tard, d'auoir eu de l'amour.
Preuenez les malheurs que presage ma crainte,
Vostre chaisne auec luy n'est pas si fort estrainte,
Que si Circé ny moy n'en sommes point d'accord,
Vous ne la puissiez rompre auec vn peu d'effort.
Vous deuez, ce me semble, embrasser ma querelle,
Que ne cognoissez vous cét esprit infidelle...

VLISSE,

Lasche, fourbe, meschant, i'en parle sans aigreur;
Ie le hais il est vray, mais i'ayme plus ma sœur,
Et tout ce que i'en dis, quoy qu'apres son offence
Est pour vostre interest plus que pour ma vengeance.

LEVCOSIE.

Vous en dites beaucoup, mais à parler sans fard
Vostre amitié, ma sœur, s'en aduise vn peu tard;
Auec ces qualitez il falloit le depeindre,
Alors qu'il commença de m'aymer ou de feindre.
Mais il n'estoit pour lors ny lasche ny trompeur
Et ne l'est que depuis vostre mauuaise humeur.
S'il est vray qu'Elpenor ait captiué vostre ame
Vous ne souffririez pas qu'on le traitast d'infame;
Ny ie ne puis souffrir qu'on noircisse auiourd'huy
Vn Prince plus aymable, & plus aymé que luy.
Le mal sera pour moy s'il deuient infidelle;
Et si vostre amitié plus que vostre querelle
Pour le rendre odieux vous fait prendre ces soins,
Vous m'obligerez fort de m'aymer vn peu moins.
Car enfin vouloir rompre vne si forte chaine
C'est à moy comme à vous vne entreprise vaine.
Ie l'ayme, & d'autant plus que i'ay tousiours pensé
Que vous y consentiez, aussi bien que Circé.

PHAETVSE.

TRAGICOMEDIE.
PHAETVSE.

Dés l'abord, comme vous, i'ay mal cognu ce traistre;
Mais maintenãt, ma sœur, qu'on me l'a fait cognoistre,
Sans inhumanité ie ne puis approuuer
De voir perir ma sœur, quand ie puis la sauuer.
Ainsi n'esperez pas que iamais i'y consente,
Et si vous en voulez de preuue plus pressante
Puisqu'aussi bien ie voy que vostre aueuglement
Impute mes conseils à mon ressentiment,
Plus pour vos interests que ceux de ma vengeance
I'entreprens son exil de toute ma puissance.
Et contre qui voudra choquer ma volonté
Ie consens d'en venir à toute extremité.
Il faut qu'il quitte l'isle, ou bien qu'il y perisse.

LEVCOSIE.

En ce cas-là, Madame, il faut que i'y flechisse.

PHAETVSE.

C'est à vous d'y songer.

LEVCOSIE.

Le conseil en est pris,
Dans ces ressentimens Elpenor s'est mespris
Il veut perdre Euriloche, & malgré sa complice
Il faut qu'il quitte l'isle ou bien qu'il y perisse.
Pour faire reussir ce que i'ay proietté,
Ie consens d'en venir à toute extremité.

K

VLISSE,

ACTE IV.

SCENE PREMIERE.

La Scene est dans l'Enfer.

SIZIPHE seul.

E plus profonds cachots du centre de la
    terre,
Ie roule inceſſammẽt cette maſſe de pierre;
Mais ie ſuccombe enfin ſous ce peſant far-
    deau;
Ma force ſe conſomme, & ie ſuis tout en eau.
Toutefois accablé ſous tant de laſſitude
Quand ie dois expirer ſous vn tourment ſi rude,
Vn demon inuiſible anime mes efforts,
Et ſans rendre mes bras ny moins las, ny plus forts,

TRAGICOMEDIE.

Sans amoindrir mon mal son assistance vaine
Soustenant ma foiblesse eternise ma peine.
 Rocher accable moy sous tant de pesanteur.
Et toy de mon tourment & le iuge & l'autheur
Grand Dieu, qui pour donner matiere à ta iustice,
Rens les morts immortels au milieu du supplice,
Oste nous par pitié cette immortalité ;
Reprens ce don fatal, que tu nous a presté.
Quoy ? ta diuinité treuue-elle de charmes
A voir couler sans cesse vn deluge de larmes ?
Quoy ? le crime d'vn iour le crime d'vn moment
Doit-il estre puny d'vn si long chastiment ?
 Mais cruel enyuré de douceurs & de ioye
Tu braues les souspirs que ma douleur t'enuoye.
Puis donc qu'à ce trauail on ne peut m'arracher,
Voy comme ie m'efforce à pousser ce rocher
Il faudra malgré toy qu'vn si cruel supplice.
Sous vn effort supreme, ou m'accable, ou finisse.
 Enfin ie touche au terme, & ie puis auiourd'huy
Mais helas ! il retombe, & ie tombe auec luy.
Triomphe Iupiter, triomphe de ma peine.

L ij

VLISSE,

SCENE II.

VLISSE seul.

Dans quel gouffre d'horreur ta puissance m'entraine?
Amour est-ce en ces lieux que ie la doy chercher?
Penelope est-ce icy que tu voudrois cacher
Ma honte & ton tourment, mon suplice & ton crime?
Perfide, s'il te reste vn remors legitime
Fais toy voir à qui fut ta fidelle moitié,
Malgré ta trahison ton sort me fait pitié.
Et si prez de Pluton ma priere n'est vaine,
Bien loin de l'agrandir i'amoindriray ta peine.

TRAGICOMEDIE.

SCENE III.

SIZIPHE, VLISSE.

SIZIPHE.

Rocher qu'en vain tousiours ie tasche à remonter.

VLISSE.

Quel est ce malheureux ?

SIZIPHE.

Ne puis-ie l'arrester ?

VLISSE.

C'est Siziphe luy mesme.

SIZIPHE.

O ! rigoureux suplice !

K iij

VLISSE,

VLISSE.

Spectacle insuportable au malheureux Vlisse!
N'importe.. En ma faueur quittes pour auiourd'huy.

SIZIPHE.

Vlisse chez les morts!

VLISSE.

Ouy, Siziphe, c'est luy.

SIZIPHE.

Que veux tu malheureux? quel estrange caprice
Te fait venir icy redoubler mon supplice?
Viens tu pour me vanter tes exploits glorieux?
La splendeur de ta vie est l'horreur de mes yeux.
Tout ce qu'on voit en toy d'eclat & de merite
Dont ma douleur s'augmente, & mon remors s'irrite,
Redoublant la laideur de mes propres defauts,
Sont de mes laschetez la honte & les bourreaux.
Va, fuis, & cache moy cette vertu mortelle;
Ce grand rocher me pese, & me presse moins qu'elle.
Faut-il que ton destin soit si contraire au mien?
A-il pû de mon sang naistre vn homme de bien?
I'auois ce doux espoir que malgré ma disgrace
Mes forfaits deuiendroient l'exemple de ma race;

TRAGICOMEDIE.

Et que le mauuais sang, que ie t'auois presté,
Ietteroit dans ton cœur toute ma lascheté.
Mais puisque les efforts d'vne autre nourriture
Ont purgé ton destin & dompté ta nature,
Te monstrer si contraire à tous mes sentimens
C'est redoubler ma peine, & croistre mes tourmens.
    Sors, & par tes vertus en ces lieux mesprisées
Va charmer tes amis dans les champs elizées.
Puisse-tu pour armer les remors contre toy
Deuenir plus infame & plus meschant que moy?
Puisse-tu dans les creux de ces bruslans abysmes
Renuerser sur toy seul la peine de mes crimes?
Ou du moins puisse-tu par mes lasches forfaits
Endurer tous les maux, que ta vertu m'a faits?

VLISSE.

Si c'est cette vertu, que vostre ame deteste,
Ie viens vous presenter vn obiet plus funeste:
Tout ce qu'a vostre Enfer de peine & de rigueur
N'a rien de comparable aux tourmens de mon cœur.
    Mais ma douleur est-elle aussi iuste que forte?
Siziphe, apprenez moy si Penelope est morte.
Mais non, n'en faites rien, dans vn coup si fatal
Ie sens quelque douceur à douter de mon mal.

SIZIPHE.

Par les mains de ton fils elle est morte infidelle,
Au lieu de tant d'amants qui soupiroient pour elle,
Mille serpens affreux qui nous comblent d'horreur,
Rampent sur sa poictrine, & luy rongent le cœur.
Ce corps, qui fut l'Autel, & le Dieu de ton ame,
N'est qu'vn spectre hideux enuironné de flame :
Ses yeux iadis brillans de lumiere & d'amour
Ne iettent maintenant qu'vn effroyable iour,
Tel que iettent les yeux d'vne horrible megere,
Etincellans de feu, de sang, & de colere ;
Tel que lance la foudre, ou tel que les esclairs
Au milieu de la nuict iettent dedans les airs.
Ses mains, dont les beautez empruntoient tant de
    charmes,
Ne seruent qu'à fournir de matiere à ses larmes.
Cette bouche sans cesse ouuerte à des souspirs,
Dont le souffle amoureux animoit tes desirs,
Ne s'ouure maintenant qu'aux deluges de flame,
Que vomit au dehors l'embrasement de l'ame.
Au lieu de cet air doux que sa bouche iettoit,
Au lieu de ce vermeil dont sa levre esclatoit
Vne espaisse fumée enuelopant sa bouche,
Noircit toute sa levre & tout ce quelle touche.
Enfin dans cet estat on diroit à la voir,

Que

TRAGICOMEDIE.

Que tout ce qu'à l'Enfer & d'horrible & de noir,
Defigure vn obiet, qui fut durant sa vie
Matiere à tous les yeux, ou d'amour, ou d'enuie.

VLISSE.

Ah! Penelope! ô Dieux! O! cruel changement.

SIZIPHE.

Va ne la cherche point dans cet appartement,
Son crime estant plus grand, & plus noir que les nostres,
Le lieu de son suplice est separé des autres.
Puisse-tu de ces maux ressentir la moitié,
Et tomber à ses pieds d'horreur ou de pitié.
Va sors de ma presence, & cours apres ta femme.

SCENE IV.

TYRESIE, SIZIPHE, VLISSE.

TYRESIE.

Cher Vlisse, arrestez, que vous dit cet infame?
Ce dernier deshonneur de vos braues ayeux,
La honte & le rebut d'vn sang si glorieux.

L

VLISSE,
SIZIPHE.

Qu'il me laisse en repos.

TYRESIE.

*Cache-toy miserable,
Et deliure nos yeux d'vn obiet effroyable.*

SCENE V.
VLISSE, TYRESIE.
VLISSE.

Tyresie est-ce vous ? venez-vous secourir,
Vn mortel desespoir, que rien ne peut guerir?
Venez vous contenter ma douleur ou ma haine?
Ou me voir vanger d'elle, ou regretter sa peine?

TYRESIE.

D'où vient ce desespoir, ces plaintes, ces malheurs.

TRAGICOMEDIE.

VLISSE.

C'eſt hayne, c'eſt amour qui fait couler mes pleurs,
Puis-ie ne pas pleurer vne epouze ſi belle?
Puis-ie ne pas haïr vne epouze infidelle?
Son infidelité fait mon reſſentiment,
Mais i'ay de la pitié quand ie voy ſon tourment.
Vous à qui tous les Dieux ouurent les deſtinées,
Qui ſçaueẑ le ſeiour des ombres condamnees
Monſtreẑ moy cet aymable & perfide moitié,
Que ie meure à ſes yeux de rage ou de pitié,
Donneẑ cette allegeance au malheureux Vliſſe.

TYRESIE.

Vliſſe ouure les yeux, & cognoy l'artifice
Dont l'infame Siziphe abuſoit ton amour,
L'obiet de tes deſirs voit encor le iour;
Et ce cruel ſoubçon que ton erreur enfante
Cherche en vain cheẑ les morts vne beauté viuante.

VLISSE.

Dieux! elle vit encor, mais peut-eſtre elle vit,
Pour ſoüiller en viuant & ma gloire & mon lit.

TYRESIE.

Reuiens, & pers enfin vn ſoubçon, qui l'offenſe.

L ij

Non que ie sois surpris de cette defiance :
Ie sçay quel est l'effet de l'horrible conseil
D'vn songe couuert par le Dieu du sommeil,
Qui par de faux obiets trompant ta ialouzie
Arme ton desespoir contre sa perfidie ;
On seduit aysement ces folles passions,
Et c'est ce qu'il a fait par ses illusions ;
Ou plutost c'est l'effet de l'adresse & des charmes
Par qui Circé te trompe, & cause tant d'allarmes.
Son amour pour reprendre vn cœur desabusé,
Te veut seduire encor par vn mal supposé.
Te faisant Penelope & morte & criminelle,
Elle aspire à des vœux que tu gardois pour elle.

VLISSE.

N'osant & ne pouuant me defier de vous
I'accepte auec transport vn oracle si doux.
Cher truchement des Dieux, fidelle Tyresie,
Ie vous dois mon repos, mon honneur & ma vie.
  Ainsi credule amant i'ay soubçonné ta foy,
Penelope, quels maux, quelle assez dure loy
Me peut-on imposer pour vanger ton iniure ?
Mais tu sçais mon amour, & tu vois l'imposture.
Si pour me detromper d'vne fatale erreur
I'ay descendu si viste en ce lieu plein d'horreur,
Par cette mesme erreur maintenant esclaircie,

TRAGICOMEDIE.

J'iray d'un mesme pas contenter ton enuie,
Et si pour accourcir le chemin des Enfers
Circé dans vn moment m'a fait courir cent mers.
Pour reuoir tes beaux yeux, pour reuoir nostre Grece
I'attens de mon amour ce qu'à fait son adresse.
 Vous en qui le Ciel mit tout le pouuoir des Dieux
Qui sçauez mille endroits pour sortir de ces lieux,
Sans qu'il doiue à Circé cet effort fauorable
Enleuez de ces lieux cet amant miserable,
Par vn chemin facile abregez ses trauaux,
Et derobez Vlisse à des charmes nouueaux.

TYRESIE.

Vlisse ie ne puis respondre à vostre attente,
Le charme de Circé rend ma main impuissante;
Elle vous fait descendre en ce triste seiour,
Seule elle peut aussi faire vostre retour.

VLISSE.

Ainsi ie doy sortir d'vn seiour si funeste,
Par l'effort d'vne main que mon amour deteste,
Faut-il reuoir encor ces dangereux climats?
Et doy-ie m'apprester à de nouueaux combats?

TYRESIE.

Il le faut, cher Vlisse, & desia l'heure presse;

Mais malgré ses efforts, espere en ton adresse;
Tu luy doy mille exploits, & ta fidelle amour
Par elle doit encor triompher à son tour.
Adieu.

VLISSE seul.

Quels soins? helas! pourront sauuer ma flame
Des pieges, des fureurs, des charmes d'vne femme?
Amour, par qui Circé dans ses lasches transports
Fait sans cesse & par tout de si puissans efforts.
Et pour d'iniustes vœux rompt de si grands obstacles,
Pour des vœux innocens faits de pareils miracles.

SCENE VI.

a Scene dans parc.

CIRCE' seule chante.

Are presant des Cieux merueilleuse puissance,
Qui m'as fait consentir vne si dure absence.
Redonne Vlisse à mon amour.
Rens à mes vœux l'obiet qui regne dans mon ame,
Et si tu veux seruir ma douleur & ma flame,
Haste ma mort où son retour.

TRAGICOMEDIE. 87

J'oppofe vainement au torrent de mes larmes
L'orgueil de mõ pouuoir, & l'efpoir de mes charmes,
    Tous deux cedent à mon amour.
S'ils me promettent tout il craint tout pour Vliffe,
Et iettans feulement la fin de mon fupplice
    De ma mort ou de fon retour.

Son feul retardement fait obftacle à ma flamme,
Ie n'en redoute plus du cofté de fa femme;
Le fommeil l'abufant d'vne fatale erreur
A Penelope enfin a defrobé fon cœur,
Et ce qu'il m'a promis me rend trop affeurée.
D'vne felicité fi long-temps defirée.
  Que fais tu malheureufe ? à quelle indignité
Abbaiffe-tu le fang d'vne diuinité ?
Circé met fon bonheur au feul amour d'vn homme!
Ah! Soleil, Dieu tefmoin du feu qui me confomme,
Toy qui vis autrefois cent Roys à mes genoux,
Voy quelle honte efface vn fpectacle fi doux.
Vange, vange fur moy l'honneur de ta famille,
Derobe tes clartez à cette indigne fille;
Ou du feu, dont ma vie emprunte fa vigueur
Formant des traits mortels perce ce lafche cœur.
  Mais que dis-ie, infenfée! helas! fi quelque flame
Dans celles de mon fang, fut exempte de blafme.
En eft il fur la terre, en eft-il dans les Cieux,

Qui se puisse vanter d'vn feu si glorieux ?
Si les Dieux punissoient de pareilles foiblesses,
Et la terre & les Cieux n'auroient plus de Deesses:
Si Venus, si Thetys, si la nymphe du iour
Pour des mortels sans honte ont conceu de l'amour,
Quel Dieu peut condamner ma flame auec iustice ?
Ceux qu'elles ont aymez valoient-ils mon Vlisse ?

 Non, non, ma flame est iuste ; & c'est mal à propos
Que cet iniuste orgueil vient troubler mon repos.
Il falloit l'escouter, quand ce feu prit naissance ;
Quand on n'auoit pour moy, que de la resistance :
Maintenant qu'il se plaint d'auoir trop resisté
Mon remors refusant vn bien si souhaitté,
Si la poursuitte en fut, & honteuse & coupable,
Ce refus la rendroit encor plus condamnable.
I'espere tout d'Vlisse, & ie me crois permis ;
De me faire tenir tout ce qu'il m'a promis ;
Iusque-là que s'il manque à sa recognoissance,
Il est de mon honneur d'en faire la vengeance.
C'est en quoy mon destin est heureux auiourd'huy ;
Cherissant vn mortel de pouuoir plus que luy.
En l'aymant ie l'esleue, ingrat ie puis l'abatre.

 Mais pourquoy se former des monstres à combatre ?
Circé ne doute plus, qu'Vlisse à son retour
Ne rende ce qu'il doit à ta fidelle amour.
Faut-il parmy les soins où mon amour m'engage
Qu'à

TRAGICOMEDIE. 89

Qu'à de nouueaux soucis encore ie me partage?
Que cherchez-vous ma sœur?

SCENE VII.

PHAETVSE, CIRCE'.

PHAETVSE.

Vous, de qui ie me plains,
Euriloche, Elpenor, sans doute en sont aux mains.
I'ay mis pour les chercher toute la Cour en peine,
Au Palais, dans le parc, mais ma recherche est vaine.
Est-ce ainsi...

CIRCE'.

Moderez cet iniuste courroux,
De tout cet embarras ne vous plaignez qu'à vous;
Ie n'ay rien fait ma sœur, que ce que i'ay dû faire,
Ie vous auois promis que ialoux de vous plaire,
Mon art desarmeroit l'ardeur de se vanger,
Qui mettoit (disiez-vous) Elpenor en danger.

M

VLISSE,

Ie l'ay fait, esperant que de vous adoucie,
Euriloche obtiendroit sa grace & Leucosie,
Meslant nos interests i'ay fait que desormais
On ne se verra plus que pour faire la paix.
Ce charme dure encor, & malgré moy Princesse
Durera iusqu'à tant que vostre hayne cesse.

PHAETVSE.

Quel charme?

CIRCE'.

Merueilleux, qui force vostre amant
De changer en respects tout son ressentiment,
Et qui par la pitié, que vous fera sa peine
Doit obtenir de vous la fin de vostre haine.
Euriloche paroist, retirons-nous ma sœur,
Ce que vous allez voir changera vostre cœur.

TRAGICOMEDIE.

SCENE VIII.

EVRILOCHE seul.

IE me pers, Perimede, ah! non c'est trop d'audace,
Quand Vlisse, Elpenor me quitteroient la place,
Quand ie me promettrois de pouuoir quelque iour
Surmonter de deux sœurs & la haine & l'amour,
Circé reste à combatre, où prendrons-nous des armes
A nous mettre à couuert du pouuoir de ses charmes?
Ce qu'en souffre Elpenor, ce qu'elle fait sur moy
Dans mon ame coupable a ietté tant d'effroy
Qu'il me semble de voir sans cesse sa colere
S'apprester à punir ce que i'ay voulu faire.
   Ah! de mes laschetez fatale illusion!
Qui trahis mon amour & mon ambition.
Fais place à des pensers, qu'vn noble espoir me donne;
Amour de Phaëtuse, amour de la couronne,
Ie m'abandonne à vous, & sans plus contester
Commandez, ie m'appreste à tout executer.
Il faut.. Elpenor vient. Circé fuis sa peine.

M ij

VLISSE,
Si tu ne peux souffrir qu'elle serue à ma haine.

SCENE IX.

ELPENOR, EVRILOCHE.

CIRCE', PHAETVSE.

ELPENOR.

EN vain sur mon riual ie cherche à me vanger
Pour terminer des maux qu'on ne peut soulager,
Ie retourne à vos pieds, souffrez y ma presence,
Et n'apprehendez plus que priué d'esperance
Ce malheureux amant ait la temerité,
D'en demander raison à sa diuinité.
Vos bontez m'esleuant à ce faiste de gloire,
Qui passe mon espoir, que i'auois peine à croire,
Vous acquirent le droict de m'en precipiter,
Vous m'auiez tout donné, vous pouuez tout m'oster.
Et comme en m'esleuant à ce comble de grace
Vous n'attendites point que ie le meritasse,

TRAGICOMEDIE.

De mesme en m'en voyant par vous precipité
I'ay tort de demander si ie l'ay merité,
Ouy i'ay tort, & certain par ce cruel silence
Que ie vous doy ma mort sans sçauoir mon offense,
Ie suis trop criminel differant mon trespas
Mais sans plus contester i'y cours Princesse.

PHAETVSE.

Helas!

CIRCE'.

Ne craignez rien.

EVRILOCHE bas.

I'aurois contenté ton enuie;
Mais vn charme inconnu desarmant ma furie
Retient ce bras leué pour luy percer le cœur,
Et me fait souhaiter la fin de son erreur.
Circé vient.

ELPENOR.

Dieux vangeurs d'vne amour outragée,
Qui voyez à quel poinct ma fortune est changée,
Si mon lasche riual me desrobe sa foy
Perdez ce criminel, iustes Dieux vangez moy!
Que si ce changement vient de son inconstance

VLISSE,

Quelque iniuste qu'il soit laissez-le sans vengeance.

PHAETVSE à Circé.

Ie ne puis me resoudre à le voir plus souffrir,
Madame.

CIRCE.

Hé bien vous mesme allez le secourir.

PHAETVSE.

Demeurez, Elpenor; & cessez de vous plaindre
D'vn mal que vostre amour n'a pas subiet de craindre.
Quelques vaines frayeurs qui vous ayent allarmé
Phaëtuse iamais ne vous a tant aymé.

ELPENOR.

Qu'entens-ie! ma Princesse, à mes vœux si contraire
Me rend en vn moment tout le bien que i'espere;
M'auez-vous fait souffrir ce cruel traitement
Pour rendre à mes desirs mon bonheur plus charmant?
Il m'estoit assez cher auant cet artifice.
Par quels respects, amour, & par quel sacrifice..
O! Dieux. Princesse! helas! est-ce vous que ie voy?
Phaëtuse, est-ce vous qui me manque de foy?
Dieux quel charme presente à ma veuë abusée

*Là il se
tourne du
costé de
fausse
Phaëtuse.*

TRAGICOMEDIE. 95

Phaëtuse en courroux, Phaëtuse appaisée.
Ah! ce n'est pas ainsi qu'on m'oste mon malheur? à Circé.
Madame, il faut finir non tromper ma douleur.
Et toutes les douceurs d'vne erreur fauorable
Sont vn foible secours contre vn mal veritable.
En vain pour arrester mon iuste desespoir
Sous vn front adorable vn demon se fait voir,
Et prenant tous les traits de celle que i'adore
S'efforce de calmer l'ennuy qui me deuore.
Fuis spectre deceuant, qui anime sa pitié,
Mes maux à son aspect augmentent de moitié.
Plus ie vois que Circé veut soulager ma peine,
Plus son ingrate sœur me paroist inhumaine.
Voyant que sa rigueur s'obstine a voir perir
Celuy que d'vn seul mot elle peut secourir.

PHAETVSE à Circé.

Ah! ma sœur.

CIRCE' à Eurlloche.

Il est temps que ce charme finisse.
Vous sçauez ce qu'on doit aux prieres d'Vlisse,
Embrassez Elpenor, certain que cette paix
Vous va donner le bien où tendent vos souhaits.

VLISSE,
EVRILOCHE.

Mon desir ne vient pas à vostre cognoissance.

CIRCE'.

Vous presumez bien peu de ma haute science.

EVRILOCHE.

Elle ne s'estend pas à cognoistre nos vœux.

CIRCE'.

*Ie sçay pourtant le vostre, & vay vous rendre heu-
  reux,
Ne vous opposés plus à ce que ie desire.*

EVRILOCHE.

*Quoy vous me promettez le bonheur où i'aspire
A ces conditions que ne ferois-ie pas ?*

CIRCE'.

Elpenor vous voyez que l'on vous tend les bras.

ELPENOR.

A moy Madame.

EVRI;

TRAGICOMEDIE.

EVRILOCHE.

A vous.

ELPENOR.

O secours fauorable! *Circé fra-*
Ah! Princesse. Grands Dieux! surprise espouuentable! *pe Elpe-*
Est-ce mon ennemy que ie viens d'embrasser? *nor de sa verge.*

CIRCE' à Phaëtuse.

Le char-
Vous excusez vn coup dont il peut s'offenser. *me finit.*

ELPENOR.

Ah! Madame, ah! Princesse, est-ce ainsi qu'on me ioüe?

PHAETVSE.

Ma sœur a quelque tort, mon Prince ie l'aduoüe
Mais puisque mon repos naist de ce qu'elle a fait,
Si vous m'aymez monstrez vn front plus satisfait,
Ie demande encor plus à vostre obeissance,
Il faut en l'embrassant oublier son offense,
Et le mettre en estat en luy donnant ma sœur,
De ne plus trauerser nostre commun bonheur.

ELPENOR

Ie vous obeiray, quoy qu'auec repugnance.

N

VLISSE,

Fasse le iuste Ciel, que cette obeissance
En destournant les maux, qui nous sont preparez,
Assure le repos que vous en esperez.
   Ie ne m'oppose plus à l'heur qu'on vous destine
Leucosie est à vous, & sans qu'on examine
Qui de nous a failly contre nostre amitié,
D'vn cœur qui fut à vous ie vous rends la moitié.
   Daignent les Dieux tesmoins si la vostre m'est chere,
Punir qui de nous deux l'offrira moins sincere.

EVRILOCHE.

La vostre m'est bien chere & c'est trop de bonheur
D'en estraindre les nœuds par l'hymen de sa sœur,
De moy pourtant de biens que pouuez-vous attendre?

CIRCE'.
à Euriloche.   à Phaëtuse.

Ie puis vous acquitter. Ouy, ie m'offre à vous rendre
(Maintenant qu'Elpenor deuenu vostre espoux
Peut partager les soins de l'estat auec vous)
Le glorieux fardeau de la toute puissance
Dont i'ay par vostre adueu soulagé vostre enfance.

EVRILOCHE.

La Reine s'accordant si bien à mes souhaits
N'a pas mal penetré dans les vœux que i'ay faits
Pour rendre de tout poinct ma fortune accomplie.

TRAGICOMEDIE.

Me voyant sur le poinct d'obtenir Leucosie
Il ne me manquoit plus, que de voir vostre espoux
Elpenor, partager la couronne auec vous.

PHAETVSE.

Ie hayrois le bien que cet hymen me donne
Si la sœur sur nous reposant la couronne,
Changeoit vn seul moment la forme de l'estat.
Phaëtuse est trop iuste, & luy n'est pas ingrat.

SCENE X.

LEVCOSIE, CIRCE', PHAETVSE.

LEVCOSIE.

Madame, Vlisse vient.

CIRCE'.

Cette heureuse nouuelle
Pour reuoir ce heros au Palais me rappelle.

VLISSE,
PHAETVSE.

Nous vous suiuons.

CIRCE.

*Allons. Puisse par ce retour
Ma flame prendre part au bonheur de ce iour.
Vous en auez beaucoup dans ce bonheur extreme.*

LEVCOSIE.

Comment?

CIRCE.

Vous l'apprendrez du Prince qui vous ayme.

SCENE XI.
LEVCOSIE, EVRILOCHE.

EVRILOCHE bas.

*TOut me perd, & ie suis pour comble de douleur.
Forcé de caresser & rire à mon malheur.
Vlisse est de retour, l'auez-vous veu Princesse?*

TRAGICOMEDIE.
LEVCOSIE.

Ie l'ay veu resolu de retourner en Grece,
Emmener s'il se peut Elpenor auec luy,
Echapper à la Reyne.

EVRILOCHE.

Et partir.

LEVCOSIE.

Auiourd'huy
Perimede est allé donner ordre à sa fuite.

EVRILOCHE.

Que de biens produira vostre sage conduite!
Hé comment enuers vous pourray-ie m'acquitter?

LEVCOSIE.

En faisant vos efforts pour ne nous pas quiter.

EVRILOCHE.

Quoy qu'il puisse arriuer si malgré son adresse
Pour chasser Elpenor il faut que ie vous laisse :
Ie reuiendray bientost establir dans ces lieux
Vn bonheur à passer tous les plaisirs des Dieux.

VLISSE,
LEVCOSIE.

Ce glorieux espoir adoucira ma peine.
Mais quel est ce bonheur dont me parloit la Reine,
Ie brusle de l'apprendre.

EVRILOCHE.

Ah! Princesse vsons mieux
Qu'en friuoles discours d'vn temps si precieux.
De l'air que l'entreprise entre nous est conceuë
La perte d'vn moment en ruine l'issuë
Amusez vostre sœur, & sans perdre vn moment
Sur le vaisseau ie vays engager son amant.
Assuré de le rendre auec mon artifice
Malgré luy compagnon de la fuite d'Vlisse.
Ainsi vostre secours fauorable en ce iour
Va faire triompher ma gloire, & mon amour.

Fin du quatriesme acte.

TRAGICOMEDIE.

ACTE V.
SCENE PREMIERE.

CIRCE', MELANTE.

La scene est dans vne forteresse.

CIRCE'.

*Ve fait mon fugitif?*

MELANTE.

*En Vlisse, Madame
Il attend son malheur, & cette grandeur d'ame
Le fait voir dans ses fers, dans cette affreuse tour
Plus qu'il ne fut iamais digne de vostre amour.*

CIRCE'.

Digne de mon amour, qu'il a si mal traitée?

D'y pluſtoſt des fureurs d'vne Reyne irritée;
Qui s'abandonnant toute à ſon dernier tranſport
N'a plus que de penſers de vengeance & de mort.
Il me fuyoit l'ingrat, & couroit à ſa femme
Luy vanter le meſpris qu'il a fait de ma flamme,
Et luy contant mes feux, ma honte, & mon malheur,
Dreſſer de mon amour vn trophée à la leur.
Graces aux Dieux, ſa mort preuiendra cette honte,
Si Penelope apprend qu'Vlyſſe me ſurmonte;
Elle apprendra, pleurant ce qu'aura fait ce fer,
Qu'on peut vaincre Circé, mais non en triompher,
Et qu'vne horrible ſuite efface enfin la gloire
De quiconque vſe mal d'vne telle victoire.
Tout ce qu'à de cruel la ialouze fureur,
La rage ſemble doux à ma forte douleur,
Et ie ne trouue point dans toute ma puiſſance
Dequoy perdre l'ingrat au gré de ma vengeance.
Poignard, c'eſt a toy ſeul que ie la veux deuoir,
Fais le venir.

MELANTE.

Vliſſe, où ſera ton eſpoir?

SCENE

TRAGICOMEDIE.

SCENE II.

CIRCE' seule.

MEs charmes auroient pû faire perir Vlisse;
Ouurir dessous ses pas vn gouffre, vn precipice;
Par la rage des vents deschirer son vaisseau;
L'embraser d'vne foudre, ou l'abismer dans l'eau.
Mais empruntant ce coup de leur pouuoir supreme
Ie le deurois aux Dieux aussi bien que moy mesme.
Et ie veux pour vanger l'affront que ie reçoy,
Qu'il parte des fureurs qui soient toutes à moy.
 La vengeance est vn fruit, qu'il faut veiller soy-
  mesme;
Le gouster, se fouler de sa douleur extresme.
Vn debris, vne foudre auroient dans vn moment
Consommé loin de moy tout mon ressentiment.
Ie veux iouyr long-temps de la mort d'vn perfide,
Donner vn long spectacle à ma fureur auide.
Percer de mille coups ce flanc, ce traistre flanc,
Et voir ma main rougir & fumer de son sang.

Ce qu'en vain i'ay tenté pour l'amour d'vne Reine,
Ce poignard l'obtiendra pour le bien de ma hayne;
Ie voulois estre heureuse en gagnant son amour,
Ie le suis encor plus en le priuant du iour,
Esteignant dans son sang le feu qui me deuore
Qui m'oste le repos, & qui me deshonore.
 Mais helas! qu'est-ce amour? veus-tu le proteger?
Songe que i'ay l'honneur & toy-mesme à vanger,
Si tu parle pour luy ma fureur sera vaine,
Abandonne mon cœur au transport qui l'entraine;
Qu'il y regne vn moment, tu n'as que trop regné;
Ie le poignarderois s'il l'auoit espargné.
 Ie l'apperçoy, l'ingrat, il sçaura qu'vne femme
Peut autant pour sa hayne & plus que pour sa flame.
Il sçaura qu'vn amour qu'on ose dedaigner,
Sçait arracher des cœurs s'il ne peut les gagner.
Il faut mourir.

SCENE III.

VLISSE, CIRCE'.

VLISSE.

Frapez, vous voyez la victime,
Vlisse doit mourir si sa fuite est vn crime.
Ou plustost pour mourir ne le meritant pas
Il suffit que Circé demande son trespas ;
Trop heureux, puisqu'il peut en nous donnant sa vie,
Contenter vne fois vos vœux, & son enuie ;
Respondre à vos desirs, & s'offrant à vos coups,
Couronner par sa mort ce qu'il a fait pour vous.

CIRCE'.

Ce qu'il a fait pour moy l'ingrat ! Hé ! quel seruice
Peut apres tant d'affront me reprocher Vlisse ?
Est ce qu'ayant pour luy tesmoigné tant d'ardeur
Perdu pour trop l'aymer, gloire, repos, grandeur?
Il me mesprise, il rit de ma perseuerance ;

Et quand i'attendois tout de sa recognoissance,
Il se desrobe, il fuit au mespris de sa foy.
Imposteur est-ce là ce qu'il a fait pour moy ?

VLISSE.

C'est mal icy le lieu de vanter mes seruices;
Reyne ie doy mourir, & i'en fais mes delices.
Puisque ma mort vous plaist, i'ayme à perdre le iour,
C'est tout ce que i'ay pû donner à vostre amour.

CIRCE'.

Tu mourras, mais auant que de t'oster la vie
Ie veux sçauoir, ingrat, en quoy tu m'as seruie.

VLISSE.

Ces mespris, ces affronts, qui font vostre courroux,
Cette fuite, c'est là ce que i'ay fait pour vous.
Que seroit-ce de vous Reyne, si mon audace
Eust porté mes desirs où vouloit vostre grace;
Vous seriez maintenant la femme d'vn epoux
Qui traistre enuers vn autre eust pû l'estre enuers vous.
Et qui brisant les nœuds d'vn hymen legitime
Eust attiré sur vous la peine de son crime.
Ce sang illustre & plein du Dieu qui l'a presté,
Ce front, où tant de gloire a mis tant de fierté,
Raualant par ce choix vn destin si sublime

TRAGICOMEDIE. 109

Perdoit tout leur esclat, leur prix, & mon estime.
La fille du Soleil doit viure dans ce lieu
Sans Roy, sans compagnon, ou la femme d'vn Dieu;
Et si de mon orgueil ie n'eusse esté le maistre;
Vous seriez la moitié d'vn infame, d'vn traistre,
Meslant par vn desordre à mon crime pareil
La race de Siziphe à celle du Soleil.
C'est par moy qu'à ces maux vous estes eschapée.

CIRCE'.

Ah! Circé.

VLISSE.

C'est ainsi que ie vous ay trompée.
C'est l'effet des respects qui font vostre courroux.
Par eux seuls ie pouuois m'acquiter enuers vous,
Aussi de quelques vœux dont ma femme m'appelle,
I'ay fuy pour vous Circé, beaucoup plus que pour elle.

CIRCE'.

Rends toy Circé, ton cœur n'a que trop combatu
Les nobles mouuemens de ta propre vertu;
Pour euiter la honte où mon amour m'engage
Que ne peut-il la vaincre aussi bien que ma rage?
Mais, helas!

O iij.

VLISSE,
VLISSE.

Enfoncez ce poignard dans mon sein.
Fuir vn coup, qui vous plaist n'estoit pas mon dessein;
Mais ne conceuant point de suplice si rude,
Que de mourir vers vous suspect d'ingratitude,
Ie ne suis pas fasché qu'abandonnant mes iours
Ma voix à mon honneur ait presté ce secours.

CIRCE.

Ah! c'en est trop. Soleil seconde ma foiblesse,
   Heros digne en effet des vœux d'vne deesse,
Plus digne encor des miens, daigne excuser en moy
Ce que par trop d'amour i'ay commis contre toy.
C'est dequoy seulement il faut que ie rougisse;
Sans honte ie pouuois souspirer pour Vlisse;
Mais non, quand son deuoir attache ailleurs son sort,
L'arrester, le forcer, & luy donner la mort.
   Sors de mes mains, poignard, ma derniere infamie;
Ta vertu le preuient, desarme vne ennemie
Et fait qu'enfin ce cœur lassé de soupirer
S'enfle du noble orgueil qu'elle veut m'inspirer.
C'est par cette vertu qu'à moy mesme renduë
Ie recouure ma gloire où ie l'auois perduë.
De tous les sentimens que i'auois eus pour toy,
Me retranchant aux seuls qui sont dignes de moy;

TRAGICOMEDIE.

Pour cesser de l'aymer, ne pouuant m'en defendre
Ie voy bien que i'auray de grands combats à rendre,
Mais si dans ma fureur i'ay pû iurer ta mort,
Ie puis bien malgré moy consentir cet effort,
Qu'vn depart, puisqu'il faut que mon espoir perisse
Plustost que que son trespas me separe d'Vlisse.
 Tombez fers trop honteux au plus grand des hu-
    mains,
Perimede, Euriloche ont trahy tes desseins.
Mais malgré...

VLISSE.

 Iustes Dieux! ils m'ont trahy, Madame;
Eux de qui ie tenois l'ordre de cette trame,
Ie ne m'estonne plus si vous l'ayant apris,
Auant sortir du port mon vaisseau fut surpris.
Retournez sur leur pas Euriloche & ce traistre......

VLISSE,

SCENE IV.

LEVCOSIE, CIRCE', VLISSE.

LEVCOSIE.

AH ! ma sœur, Dieux, comment oseray-ie paroistre ?
Complice par ma faute & ma credule amour
Du crime le plus noir qu'on mit iamais au iour.

CIRCE'.

De quel crime, ma sœur ?

LEVCOSIE.

Elpenor, Phaëtuse...
Helas de tous nos maux il faut que ie m'accuse.
à Circé monstrãt Vlisse. I'ay donné des vaisseaux pour sa fuite. Et Seigneur
Euriloche s'en sert pour enleuer ma sœur.

CIRCE'.

L'enleuer.

VLISSE

TRAGICOMEDIE.
VLISSE.

Euriloche ô! Dieux.

LEVCOSIE.

Ce traiſtre à peine.
Vit que pour obeir aux ordres de la Reyne,
Toute la Cour en foule accouroit ſur vos pas ;
Et laiſſoit le Palais ſans garde, & ſans ſoldats ;
Que Perimede & luy forment cette entrepriſe.
Le deſordre, le temps, le lieu les favoriſe.
Vn bruit confus meſlé de douleur & d'effroy
Du quartier de ma ſœur arrivé iuſqu'à moy,
M'appelle au lieu d'où vient vn trouble ſi funeſte ;
I'y cours ; Dieux que ne puis-ie oublier ce qui reſte ?
A travers quelques morts Elpenor tout ſanglant
Marchant avec ardeur, mais d'vn pas chancellant,
Et tirant de ſa playe vn poignard ; à ce traiſtre
Princeſſe (crie-il) en me voyant paroiſtre ;
Là tombant, quand il voit qu'on le veut ſecourir,
Abandonnez ce ſoin (dit-il) il faut mourir,
Ma vie eſt dans les mains d'vn traiſtre, d'vn infame,
Si vous voulez m'ayder courez apres mon ame,
Le perfide Euriloche enleve voſtre ſœur.
Que deuins-ie à ces mots ? iugez de ma douleur.
Dans l'ardeur de punir ſa noire perfidie

P

VLISSE,

Laissant à d'autre soins cette mourante vie,
I'implore du secours dans ce pressant besoin
I'en trouue, mais, helas! Euriloche est trop loin.
On le suit, mais sans doute vne telle poursuite
N'aura seruy, ma sœur, qu'à redoubler sa fuite.

CIRCE'.

Il a beau fuyr, l'infame, il n'eschappera pas;
Pour luy porter par tout vn asseuré trespas.
I'ay les bras assez longs, ma sœur, à la vengeance;
Ie te suis, tu vas voir vn trait de ma puissance.

SCENE V.

VLISSE, CIRCE'.

VLISSE.

Que ne puis-je esperer en ce fatal moment
La gloire de seruir vostre ressentiment?

CIRCE'.

Vous le pouuez, allez, où l'honneur vous appelle;

TRAGICOMEDIE.

Ie rens graces aux Dieux que dans cette querelle,
Le soin de nous vanger sert d'vn amusement,
Qui dispose mon ame à cét eloignement.
  Sans cela ie veux bien t'aduoüer ma foiblesse,
Mon cœur, quelque deuoir, quelque honneur qui l'en presse,
Ne pourroit se resoudre à perdre pour iamais
Mon..... helas! ie retombe, & crains ce que ie fais,
N'importe malgré moy ie vous rends à la Grece,
Ie vous rends aux desirs d'vne illustre Princesse.
Si iusqu'icy ma flame a retenu vos pas,
Ie fais assez pour elle en ne vous gardant pas.
Adieu.

VLISSE.

  Que cet effort vous va couurir de gloire!
Qu'ainsi tousiours sur vous emportant la victoire,
Vne vertu sans tasche & sans obscuritez,
Monstre en vous dignement le Dieu dont vous sortez,
Et repande par tout des rayons de lumiere
Aussi purs & brillans que ceux de vostre pere.

CIRCE'.

Pars Vlisse, & m'espargne, abandonnant ce lieu,
Ce que souffre mon cœur en te disant adieu.

VLISSE,

La Scene est dans un vaisseau.

SCENE VI.
EVRILOCHE, PHAETVSE.
EVRILOCHE.

OVy, le voile est leué, Princesse, ie vous ayme;
I'ay feint pour vostre sœur, & mon amour extresme
Auant ce dernier coup pour vous a tout tenté
Et n'a fait cet effort, que dans l'extremité.
Si c'est crime d'auoir trop d'amour, ie l'aduouë,
Mon crime est grand, mais tel qu'Euriloche s'en louë:
Et plus i'offre à mes yeux l'objet qui m'a charmé,
Et moins ie me repens de l'auoir trop aymé.
Nommez ce rapt, ce meurtre, vn coup illegitime,
Vn horrible attentat, vn effroyable crime;
Ie l'appelle vn secours, vn remede à mon mal;
Vn digne chastiment d'vn indigne riual;
Voila ce grand subjet de reproche & de blasme,
I'ay tué mon Riual, i'ay secouru ma flame;

TRAGICOMEDIE.

Et i'ay d'vn mesme coup sur le point de mourir
Arraché mon remede à qui m'eust fait perir;
Exigiez-vous de moy cette amour foible & basse,
Qui se plaint, souspire, & pleure sa disgrace;
Tel, qu'auroit eu pour vous vn Riual trop heureux,
Si vostre iuste choix eust couronné mes vœux.
I'ayme plus noblement l'illustre Phaëtuse;
I'arracherois aux Dieux le bien qu'on me refuse,
Vous enleuer vous mesme à mon riual, à vous,
Ce n'est qu'aux grands amours à faire de tels coups.

PHAETVSE.

Monstre horrible à mes yeux vante tes infamies;
I'abhorre ton amour plus que tes perfidies.
  Cher amant, que ce lasche apres tant de forfaits
Oze encor reprocher à mes iustes souhaits
Quelque part dont ton ame à peine degagée
De ce corps où les Dieux l'auoient si bien logée
Regarde l'attentat d'vn infame voleur,
Monstre toy plus sensible à mon dernier malheur.
Et preuenant l'effort, que mon pere prepare
Arrache ta Princesse aux fureurs d'vn barbare.

EVRILOCHE.

Vous implorez en vain ce pere, & cet amant;
L'vn est mort par l'effort de mon ressentiment;

VLISSE,

Et pour l'autre, si c'est l'astre, qui vous esclaire
Il cognoist mon amour, & ce que ie veux faire.
Il sçait que ie vous ayme auec toute l'ardeur
Que peut vne Princesse esperer d'vn grand cœur:
Et que dés que l'hymen ayt calmé vostre haine
Dans vostre isle i'iray vous ramener en Reine,
En chasser qui l'occupe, & vous faire à iamais
Benir ma violence, & tout ce que ie fais.

PHAETVSE.

Toy, me faire benir cette affreuse iournée!

EVRILOCHE.

Vous en parlerez mieux apres nostre hymenée.

PHAETVSE.

Ah! monstre laisse-moy.

EVRILOCHE.

Donnez des noms plus doux
A celuy qui bientost doit estre vostre espoux.

PHAETVSE.

Mon espoux!

TRAGICOMEDIE.

EVRILOCHE.

C'est à quoy vous deuez vous resoudre.

PHAETVSE.

Des mains de Iupiter cours arracher la foudre.
Soleil, & si ma mere eut chez toy quelque rang
Monstre-toy plus sensible aux affronts de ton sang.

EVRILOCHE.

Princesse cette erreur fait tort à vostre gloire,
L'astre du iour a peu de part dans vostre histoire;
Et vous auez assez de titres glorieux;
Sans en chercher si haut, & nous former des Dieux.

PHAETVSE.

Impie, ils vangeront mon honneur & leur gloire.

EVRILOCHE.

I'ay vécu trop long-temps pour auoir lieu d'en croire;
S'il en est contre moy, qu'ils arment leur courroux;
Pour moy ie n'en cognoy que mon amour & vous.
I'enferme en ce vaisseau toute mon esperance,
C'est mon Ciel, mon Autel, mon throne & ma puissance;
Deuenu pour vous seule assassin & voleur,
Le but de tous les traits que lance le malheur,

Et le plus digne obiet des flammes du tonnerre,
Bannis de mon pays, & de toute la terre,
Infidelle à mon Prince abandonné de tous,
Ie ne crains rien, Madame, & trouue tout en vous.

PHAETVSE.

Ah! perfide bien loin de regarder ta proye
Auec quelques transports ou d'orgueil, ou de ioye,
Sçache que si pour perdre vn monstre furieux
La terre estoit sans force & l'vniuers sans Dieux.
Et si pour escraser cette coupable teste
Le ciel estoit sans foudre, & la mer sans tempeste.
Ce qu'est aux grands forfaits vn remors obstiné
Ce que sont les Bourreaux aux yeux d'vn condamné.
Ce que sont aux Enfers, aux criminelles ames
Les roües, les rochers, les vautours, & les flames,
Ie te le feray traistre, & pour mieux dire encor
Tu trouueras en moy le vangeur d'Elpenor,
Tu reuerras, cruel, son ombre en ma presence,
Son amour dans mon cœur, en mes mains sa vegeance,
Dans ma bouche animée vn reproche eternel,
Dedans mes yeux l'horreur qu'on a d'vn criminel,
Et dans toute mon ame vne hayne immortelle
Pour vn voleur, vn lasche, vn meurtrier, vn rebelle.

EVRI;

TRAGICOMEDIE.
EVRILOCHE.

Portez encor plus loin ces transports furieux;
Ces cœurs, ces belles mains, cette bouche & ces yeux
Que vous taschés de rendre vn subiet de ma hayne,
Le seront de ma ioye, & non pas de ma peine
Dans la possession de ma diuinité....

SCENE VII.
PERIMEDE, EVRILOCHE, PHAETVSE.
PERIMEDE.

SEigneur, le Ciel se trouble, & son obscurité
Fauorise vn vaisseau qui semble nous poursuiure.

EVRILOCHE.

A quelques traits amy que mon amour me liure,
Ie ne puis me resoudre à perdre vn bien si cher.

PHAETVSE s'en allant.

O! Dieux.

Q

VLISSE,
PERIMEDE.
Sauuez là donc, on vient vous l'arracher.
EVRILOCHE
*Amys qu'on se dispose au combat qui s'apreste
Contre nos ennemis & contre la tempeste.*

SCENE VIII.

IVPITER au milieu des Dieux descend du Ciel assis sur vne grosse nuée.

LE SOLEIL à mesme temps paroist d'vn costé du theatre dans vne nuë.

IVPITER.

DV trosne où ie m'assis dans le plus haut des Cieux,
D'où ie puis commäder les hommes & les Dieux,
Ie descends iusqu'à toy pour ouyr ta priere,
Mon fils, parle.

LE SOLEIL.

Asseuré des bontez de mon pere

TRAGICOMEDIE.

Ie parle, & quoy qu'instruit que ses soins paternels
Tousiours auec regret perdent les criminels,
Plein d'vne genereuse, & iuste confiance,
Dessus ces mesmes soins ie prens trop d'asseurance
Pour croire, qu'oubliant ma naissance & mon rang
Il neglige vn moment la gloire de mon sang;
Vous cognoissez l'affront, & cet œil adorable
Comme sur l'innocent ouuert sur le coupable,
Voit vn fier rauisseur soüiller impunement
De ses noirs attentats l'vn & l'autre element,
Quelle bonté coupable enuers vostre iustice
Sur ce grand criminel balance le suplice;
La foudre est inutile en vos puissantes mains,
Si vous ne punissez celuy dont ie me plains :
De ce monstre odieux purgez la terre & l'onde,
Et faites par ce coup iustice à tout le monde;
Que si cet interest vous touche foiblement
Prenez tous les transports de mon ressentiment;
Ou souffrez pour le moins qu'vn pere miserable
Retire ses clartez de dessus vn coupable,
Et d'vn soudain eclipse expliquant son malheur
Inuite tout le monde à vanger sa douleur.

IVPITER.

Ta priere est trop iuste, & ie me plains moy-mesme
D'auoir esté trop lent à vanger ce que i'ayme,

VLISSE,

Non qu'il faille imputer ma resolution
A des motifs de hayne ou de compassion,
Ma iustice punit sans nulle violence;
Libre des passions, qui forment la vengeance,
Elle agit d'elle mesme, & d'un esprit esgal
Repand sur l'uniuers & le bien & le mal,
Et de ces deux effets que ma puissance enuoye;
I'en laisse aux seuls mortels, & le trouble & la ioye;
C'est leur seul interest que ie dois escouter;
C'est comme il faut agir, si tu veux m'imiter:
Nostre bonheur, mon fils & tout ce que nous sommes
Ne depend des vertus ny des crimes des hommes,
Et quand ie doy punir un meurtrier, un voleur
Ie veux vanger la terre, & non pas ta douleur.
C'est pour un bien commun qu'un Dieu vange un
 outrage;
Et quand ma main s'apreste à briser son ouurage,
Ie me sers de ces bruits, qui precedent mes coups
Pour instruire la terre à craindre mon courroux.

LE SOLEIL

Soit pour son interest, ou celuy de ma fille
Vangez sans plus tarder l'honneur de ma famille;
Voyez-le cet infame, auec quels longs efforts
Il veut forcer mon sang à ses lasches transports;
Voyez d'une autre part sur un char qui s'auance

TRAGICOMEDIE.

Leucosie & Circé, qui pressent leur vengeance.
Ie la leur ay promise.

IVPITER.

Il faut te contenter,
Ma iustice y consent. Toy sans plus t'arrester
Du tribut eternel de ta clarté feconde
Va, mon fils, enrichir l'autre moité du monde.

SCENE IX.

CIRCE, LEVCOSIE dans vn char volant.

CIRCE.

CEs orages soudains & ces bruits estonnants
Ces vents impetueux, ces esclairs surprenans
Du Dieu iuste & vangeur annoncent la venuë.
Tombe foudre en ses mains trop long-temps retenuë,
Tombe à la voix du sang, qu'vn traistre a sceu verser,
Tombe aux cris d'vne sœur, qu'vn traistre veut forcer.

VLISSE,
LEVCOSIE.

Tombe aux iustes douleurs d'vne amante abusée.
Mais la perte du traistre est bien plus mal aisée,
Il est desia si loin qu'il eschape à mes yeux.

CIRCE.

Il ne peut eschaper aux vengeances des Dieux.

LEVCOSIE.

Mais que ne nous font-ils iouyr de son suplice!
S'il perit loin de nous, qu'importe, qu'il perisse
L'outrage reste entier au cœur & sur le front,
Si l'on ne voit perir celuy qui fait l'affront.
Ceux que nous receuons sont de telle nature,
Que le Soleil trop lent à vanger nostre iniure,
Quoy qu'il nous ayt promis semble la negliger,
Il faut sauuer ma sœur, autant que me vanger;
Le temps presse; acheuons cette illustre vengeance;
Si sur cet element s'estend vostre puissance;
Dans ces lieux esleuées, dans le milieu des airs
Dont les Dieux en courroux foudroyent l'vniuers;
De ces noires vapeurs formez-vous vn tonnerre;
La terre preste au Ciel dequoy punir la terre.
Vous seule. Mais quels feux s'allument dans la nuit?
Quel trouble! quel esclat! quel desordre! quel bruit!

TRAGICOMEDIE. 127

SCENE X.

IVPITER sortant du Ciel assis sur son aigle & lançant la foudre sur le vaisseau d'Eutiloche s'adressant à Circé & à Leucosie.

Nimphes voicy le coup qui vous fera iustice
Vous pouuez maintenant iouyr de son suplice. *S'en retournant.*

SCENE XI.

LEVCOSIE, CIRCE.

LEVCOSIE.

Quels feux! quels feux de ioye en cet embrasement?
Mais quelle peur succede à mon ressentiment?
Grand Dieu: sauuez ma sœur.

VLISSE,
CIRCÉ.

Ah! ce penser ie tremble:
Quelle vengeance? ô Dieux! s'ils perissent ensemble.
Mais qui peut la sauuer de la flame ou de l'eau.

LEVCOSIE.

Dieux qu'est-ce que ie voy? Quel spectacle nouueau?

CIRCÉ.

O! prodige inoüy, si mon œil ne m'abuse,
Ie voy sur vn Dauphin triompher Phaëtuse.

LEVCOSIE.

Ouy, ouy, c'est elle mesme, allons la receuoir.

CIRCÉ.

Phaëtuse est-ce vous?

SCENE

SCENE DERNIERE.

PHAETVSE, CIRCE', LEVCOSIE.

PHAETVSE.

Vous puis-je encor reuoir?
Vous voyez, par quels soins les Dieux m'ont protegée,
Il est mort l'execrable & ta fille est vangée,
Soleil, si ton secours auoit esté moins prompt
Vne honte eternelle alloit rougir mon front.
Ny l'horreur du forfait, ny la peur du suplice,
Ny son vaisseau suiuy par le vaisseau d'Vlisse,
Ny la fureur des flots ne pouuoit arrester
Ce lasche, dont la rage osoit tout attenter,
Pour mettre ses desseins & son espoir en poudre
Il n'en falloit pas moins que l'esclat d'vne foudre,
Aux furieux transports d'vn lasche rauisseur
Elle seule pouuoit arracher mon honneur.
C'est par là que les Dieux ont conserué ma gloire,
Mais par vn autre soin qu'à peine on pourra croire;

VLISSE,
Sur le poinct que la foudre embraze le vaisseau
Au poinct qu'il va perir & s'abismer dans l'eau,
Ce Dauphin s'offre à moy si proche du nauffrage,
Et me sauue du feu, des flots & de l'orage.

CIRCE'.

Allons de tant de soins rendre graces aux Dieux,
Toy prens place en mon char, & sortons de ces lieux.

PHAETVSE au Dauphin.

Va, mon liberateur, ainsi puisse ta vie
Des monstres de la mer euiter la furie.

CIRCE'.

Mes sœurs puisque le sort nous oste nos amants
Reprenons toutes trois nos premiers sentimens;
Pour affranchir nos cœurs de ces malheurs extremes
Viuons sans passions, & Reynes de nous-mesmes.

PHAETVSE.

Puis qu'Elpenor est mort, nul ne peut dignement
Apres vn tel heros se dire mon amant

TRAGICOMEDIE.

LEVCOSIE.

Moy, qui presumois trop d'vn traistre & d'vn coupable
Ie hay son sexe autant qu'il me parut aymable.

FIN.

Fautes importantes de l'impression.

P. 14. v. 16. blesse, lisez belle: p. 25. v. 7. desseins, lisez destins : p. 30. v. 3. puisque on, lisez ou puisque : p. 33. v. 3. nos, lisez vos: p. 49. v. 9. pretend, lisez prétent: p. 50. v. 9. iettent, lisez iettez: p. 60. v. 1. surprise, lisez entreprise: f. 64. v. 13 douleur forte, lisez trop forte: p. 71. v. 1. nous, lisez vous: p 84. ccuuert, lisez concerté: p. 86. v. 13 vœux, lis. yeux. p. 87. v. 5. iettans, lis. i'attans: p. 91. v. 17. suis, lis finis: p. 59 v. 5. si la sœur, lis. si la Reyne. p. 105. v. 6 que moy-mesme, lis. qu'à moy-mesme, v. 9 veiller, lis. cueillir. v. 7. douleur, lis. douceur. p. 107. v 5 nous, lis. vous, p. 117. v. 4. soupire, lis. qui soupire.

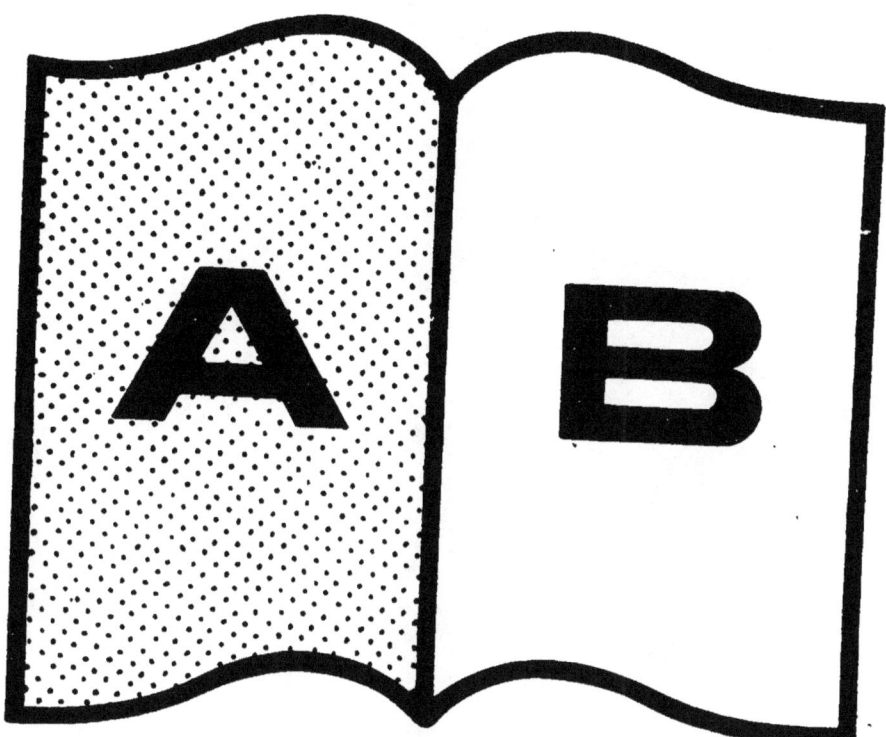

Contraste insuffisant
NF Z 43-120-14

www.ingramcontent.com/pod-product-compliance
Lightning Source LLC
Chambersburg PA
CBHW060149100426
42744CB00007B/960